Nachhaltiges Kaufungen

Sven Lämmerhirt

Annika Schmitt

Robin Sievert

Herausgeber:

Dieter Gawora

Lateinamerika - Dokumentationsstelle

Kassel 2016

Entwicklungsperspektiven Nr. 105
Kassel 2016

kassel university press GmbH
www.upress.uni-kassel.de

ISBN 978-3-7376-0222-8 (print)
ISBN 978-3-7376-0223-5 (e-book)
DOI: http://dx.medra.org/10.19211/KUP9783737602235
URN: http://nbn-resolving.de/urn:nbn:de:0002-402235

Bibliografische Information der Deutschen Bibliothek
Die Deutsche Nationalbibliothek verzeichnet diese Publikation in der Deutschen Nationalbibliografie; detaillierte bibliografische Daten sind im Internet über https://portal.dnb.de/ abrufbar.

Umschlagfoto:	Sven Lämmerhirt
Umschlaggestaltung:	Dieter Gawora
Layout:	Sven Lämmerhirt

Universität Kassel
FB 05
Nora-Platiel-Str. 5
34127 Kassel
Tel.: 0049 561 804 3385

- Die Debatte über *Entwicklungsperspektiven* steht überall auf der Tagesordnung. Einseitig an wirtschaftlichem Wachstum orientierte Vorstellungen haben verheerende materielle, soziale und psychische Auswirkungen in Lateinamerika, Afrika und Asien, aber auch in Europa und den USA. Obwohl das am Wirtschaftswachstum orientierte Konzept längst kritisiert wurde, ist es nach wie vor für die Richtung unserer wirtschaftlichen und gesellschaftlichen Veränderungen nach innen und außen maßgeblich.

- Die Kritik muss mit konkreten *Entwicklungsperspektiven* für eine humanitäre Entwicklung verbunden werden. Technokratische Politik zur Entwicklung reicht ebenso wenig aus wie politische Utopien. Die Erarbeitung der Perspektiven ist in Wirklichkeit ein umfassender Lernprozess, der ein neues Verständnis von Politik und nicht zuletzt auch ein neues Rollenverständnis von Technikern und Sozialwissenschaftlern erfordert.

- So geht es in dieser Reihe *Entwicklungsperspektiven* darum, emanzipatorische Prozesse im Produktions- und Reproduktionsbereich (bzw. Ursachen für ihre Verhinderung) aufzuzeigen. In ihnen wird an die eigene Geschichte angeknüpft und die eigene Identität erneut gefunden. Die Analyse emanzipatorischer Erfahrungen in verschiedenen Bereichen (Gesundheit, Wohnungsbau, Bildung, Produktionsorganisation) können hier wie dort Schritte auf dem Weg der Lösung von Abhängigkeiten hin zur Selbstbestimmung klären helfen.

Entwicklungsperspektiven sind heute schwer zu erkennen, daher suchen wir

- Berichte aus der Erfahrung demokratischer Organisationen, Analysen anderer Gesellschaften und Kulturen sowie ihrer Wirtschafts- und Lebensweisen.
- Auswertungen von Erfahrungen in Entwicklungsprojekten.
- Dokumente mit Hilfe derer die Lernprozesse aus diesen Erfahrungen von Europa nach Lateinamerika und vice versa vermittelt werden können.

LATEINAMERIKA-DOKUMENTATIONSSTELLE
Universität Kassel
FB 5

Inhaltsverzeichnis

Nachhaltigkeit und Kaufungen	9
Forschungsdesign	10
Soziale Nachhaltigkeit	10
Lebensmittelproduktion und regionale Kreisläufe	11
Energie, Energieerzeugung und Energiegenossenschaft	11
Nachhaltigkeit als Konzept und Paradigma	13
Historische Darstellung der Nachhaltigkeit: Von der regionalen Forstwirtschaft zum globalen Politikprogramm	13
Die „Lokale Agenda 21": Globale Nachhaltigkeit beginnt in der Kommune	19
Soziale Nachhaltigkeit	20
Nachhaltigkeit und Lebensmittelproduktion	25
Nachhaltigkeit und Energie	27
Auswertung	30
Stiftsweihnacht	30
Allgemeine Befragung	32
Auswertung Soziale Nachhaltigkeit	44
Auswertung Lebensmittelproduktion und regionale Kreisläufe	47
Auswertung Energie	50
Bürgerengagement und Initiativen	65
Fazit	68
Literaturverzeichnis	70

Abbildungsverzeichnis

Abbildung 1: Bevölkerungsabnahme und Alterung	23
Abbildung 2: Herkunftsorte der Verkaufsstände	31
Abbildung 3: Gründe für den Zuzug	34
Abbildung 4: Probleme in Kaufungen	35
Abbildung 5: Verbesserungsvorschläge der Bürger*innen	37
Abbildung 6: Zufriedenheit der Bürger*innen	39
Abbildung 7: Vegetarier*innen in Deutschland	42
Abbildung 8: Fleischkonsum und Kochverhalten der Bürger*innen	42

Vorwort

Vom Wintersemester 2014 bis zum Wintersemester 2015 führten Annika Schmitt, Robin Sievert und Sven Lämmerhirt - Studierende der Soziologie der Universität Kassel - unter dem Oberbegriff „Nachhaltiges Kaufungen", Befragungen von Kaufunger Bürgerinnen und Bürgern sowie ausgewählten Personen zu spezifischen Thematiken durch. Herausgefunden werde sollte, wie nachhaltig Kaufungen aus sozialer, ökologischer und ökonomischer Perspektive ist.

Die Zahl der beteiligten Studierenden und der Umstand, dass sie sich noch in den ersten Studiensemestern befanden, konnte keine umfassende Studie über alle Belange der Nachhaltigkeit in Kaufungen erwarten lassen. Die Studierenden konzentrierten sich vertiefend auf nur einige Teilaspekte. Dennoch ist eine beachtliche studentische Arbeit entstanden.

Für Kaufungen fallen die Ergebnisse insgesamt positiv aus. Dies zeigt sich besonders deutlich bei den ermittelten sehr guten Zufriedenheitswerten. Zudem wird Kaufungen auch von außen als eine attraktive Gemeinde wahrgenommen. Zugezogene benennen als Gründe neben Arbeit und Familie durchaus Lebensqualität und Landschaft als gleichrangig für ihre Entscheidung ihren Lebensmittelpunkt nach Kaufungen zu verlegen. Wenig überraschend wurde die geplante Autobahn A 44 als größtes Problem benannt.

Die Ergebnisse der Einzelbefragung des Jahrgangs 1944, bei der ein Teilaspekt sozialer Nachhaltigkeit ermittelt wurde, sind erfreulich positiv. Soziale Nachhaltigkeit zeigt sich auch in dem vergleichsweise hohen Engagement der Kaufungerinnen und Kaufunger in Vereinen und zudem im kirchlichen Kontext. Demgegenüber fällt das geringe Engagement in den politischen Parteien deutlich auf. Eine bedenkliche Entwicklung vor dem Hintergrund der Rolle die das Grundgesetzt Parteien zuschreibt.

Als vergleichsweise neue bürgerliche Initiative wurde die Stiftsweihnacht untersucht. Nicht nur sozial ist sie ein wichtiger Treffpunkt in Kaufungen geworden sondern durchaus ökonomisch relevant, da die große Mehrzahl der Standbetreiber aus der unmittelbaren Region kommt.

In der Energiepolitik hat sich Kaufungen auf den Weg gemacht. Gemeindewerk, Energiegenossenschaft und die konkrete Errichtung lokaler regenerativer Stromerzeugungsanlagen zeigen, dass sowohl Bürgerinnen und Bürger als auch die Verantwortlichen der Kommunalpolitik, dieses zentrale gesellschaftliche als auch politische Feld für ökologische Nachhaltigkeit aktiv gestalten wollen.

Anders als in der Energiepolitik, wo lokale Verantwortung wieder übernommen wurde, scheint Ernährung noch kein dringliches Thema in Kaufungen zu sein. Obwohl die Befragungen hierzu nicht umfassend sind, lassen sie erkennen, dass die traditionelle Produktion lokaler Lebensmittel in den Hausgärten deutlich rückläufig ist. Der Trend vom Nutzgarten über den Ziergarten hin zum Steingarten scheint ungebrochen. Dies ist eine aus sozialer, ökologischer und im eingeschränkten Maße auch ökonomischer Nachhaltigkeitssicht zu kritisierende

Entwicklung. Mit der „Versteinerung" der Nutzgärten verschwindet nicht nur eine lokale und überwiegend ökologische Nahrungsproduktion sondern sukzessive auch das breite Wissen über Anbaumethoden im Hausgarten, dass über Generationen tradiert wurde. Diesen Trend umzukehren sollte eine Herausforderung der nächsten Jahre sein. Selbsterntegärten, Transition Town Initiative und Mitgliederladen sind Ansätze zur Umkehr. Ob dieses Engagement der Einzelinitiativen ausreichen wird weitergehendes gesellschaftliches und politisches Handeln zu erzeugen, kann abschließend noch nicht beurteilt werden. Die geringe Vermarktung, der von den örtlichen Landwirten erzeugten Lebensmittel in Kaufungen, ergänzt dieses Bild. Für eine „Ernährungswende" wird insbesondere die ländliche lokale Ebene bedeutend sein. Ob es geling dieses Thema, ähnlich wie die Energiewende, zu einem kommunalpolitischen Thema zu machen, bleibt abzuwarten.

Viele relevante Themen für Nachhaltigkeit (Verkehr, Bebauung uvm.) konnte in dieser studentischen Projektarbeit nicht untersucht werden. Dennoch halten wir die Ergebnisse über den universitären Kontext hinaus für relevant. Vielleicht können sie zu einer Debatte über ein „Nachhaltiges Kaufungen" beitragen.

Dieter Gawora

Nachhaltigkeit und Kaufungen

Der Begriff der Nachhaltigkeit ist zu einem universellen und viel verwendeten Begriff geworden. In der jüngsten Vergangenheit wird er schon fast inflationär benutzt.[1] So gibt es nachhaltige Investmentfonds, Politiker sprechen von nachhaltigem Handeln und immer mehr Unternehmen verpflichten sich nachhaltig zu wirtschaften und streben nachhaltiges Wachstum an. Der Begriff ist mit positiven Werten konnotiert und tritt im Kontext von Umweltschutz, Gesundheit und Naturverbundenheit immer wieder auf.[2] Im Angesicht der weltweiten sozialen und ökologischen Missstände scheint Nachhaltigkeit ebenfalls eine wichtige Rolle zu spielen und als potenzielle Problemlösung wird der Begriff immer wieder ins Feld geführt.

Dennoch ist der Begriff nicht einheitlich und verbindlich. Es gibt keine umfassende Definition, da der Begriff zu komplex und dynamisch ist.[3] Vielmehr haben bestimmte geschichtliche Ereignisse die Bedeutung des Begriffes geprägt.

Bedeutung erlang der Begriff der Nachhaltigkeit im Jahr 1987 mit der Veröffentlichung des Berichtes „Our Common Future", auch „Brundtland-Bericht" genannt.[4] Die daraus abgeleiteten Erkenntnisse wurden 1992 auf der Weltumweltkonferenz in Rio zum globalen Entwicklungsparadigma erklärt. Dieser "Erdgipfel", bei dem 178 Staaten sich auf 27 Grundsätze einigten und sich so der Nachhaltigkeit verpflichteten, gilt heute immer noch als Höhepunkt globaler Bemühungen, Nachhaltigkeit auch rechtlich zu verankern.[5]

Heute, 23 Jahre später, sind viele der damals formulierten Ziele nur in geringen Teilen erreicht worden. Zudem entwickelte sich die ursprünglich umfassendere soziale, ökologische und ökonomische Nachhaltigkeitsdebatte auf globaler Ebene zu einer verengten Auseinandersetzung über Klimawandel bzw. CO_2-Reduktion. Die Hoffnung, dass von globaler Seite neue Impulse in Richtung Nachhaltigkeit gesetzt werden, ist derzeit gering. Dies erfordert umso mehr die lokale Komponente zur Stärkung der Nachhaltigkeit, die in den Dokumenten 1992 ebenfalls betont wurde. Die Bemühungen nachhaltiger Entwicklung müssen daher nicht nur auf globaler Ebene, sondern auch in kleineren und lokalen Projekten verstärkt werden.

Eine Gemeinde, die sich der Energiewende verpflichtet hat und auch damit wirbt, ist die Gemeinde Kaufungen. Dort arbeiten verschiedene Initiativen mit dem Ziel, nachhaltiger zu leben. Doch was bedeutet Nachhaltigkeit in der lokalen Praxis und wie möchte die Gemeinde nachhaltige Strukturen fördern und gegebenenfalls verankern? Mit diesen Fragen haben sich drei Studierende während des Empiriepraktikums „Nachhaltiges Kaufungen" auseinandergesetzt.

---

1 Vgl. Grober, Ulrich: Die Entdeckung der Nachhaltigkeit. Kulturgeschichte eines Begriffs, München 2010, S.16.
2 Vgl. Pufe, Iris: Nachhaltigkeit, Konstanz 2012, S. 17.
3 Vgl. Grober, S. 20.
4 Vgl. Cortekar, Jörg; Jörg, Jasper; Sundmacher, Torsten: Die Umwelt in der Geschichte des ökonomischen Denkens, Marburg 2006, S. 110.
5 Vgl. Pufe, S. 42f.

Forschungsdesign

Zu Beginn des Projektseminars wurde eine Begehung Kaufungens vorangesetzt, um einen Eindruck des Ortes zu erlangen. Zudem haben wir drei Institutionen ausgewählt, damit uns wichtige Personen und Bewohner Kaufungens ausführlichere Informationen geben konnten. Darunter befanden sich die Kommune Niederkaufungen, die Sozialhilfestation und die Gemeindeverwaltung, in der Julia Schimpf unsere Ansprechpartnerin war. Nach der Begehung und den Gesprächen wurden die eigenen Forschungsschwerpunkte deutlicher und es konnten konkrete Fragestellungen erarbeitet werden.

Zunächst gaben wir in der ortsansässigen Zeitung, der „Kaufunger Woche", unser Vorhaben bekannt, um die Bürger*innen auf unser Projekt aufmerksam zu machen. Weiterhin wurde ein Foto von der Projektgruppe abgedruckt, um den Zugang zu den Kaufunger*innen zu erleichtern.

Zu Beginn der Forschung untersuchten wir die Kaufunger Stiftsweihnacht auf ihre Nachhaltigkeit. In diesem Rahmen führten wir eine Vollerhebung der Verkaufsstände durch und fragten verschiedene Nachhaltigkeitsaspekte ab. Danach konzipierten wir einen standardisierten Fragebogen, den wir allen Häusern mit den Hausnummern 3 und 6 zukommen ließen. Dieser sollte von einer Person des Haushaltes ausgefüllt und in einer der dafür vorgesehenen Rückgabeboxen im REWE, EDEKA oder bei der Gemeinde zurückgegeben werden. Zuletzt interviewten wir den Bürgermeister Armin Roß der Gemeinde Kaufungen.

Weiterhin führte jeder der Studierenden auf seinem eigenen „Themengebiet" Befragungen und Expert*inneninterviews durch. Erste Ergebnisse wurden auf dem „Soziologischen Rundgang" der Universität Kassel im Rahmen einer Postervorstellung präsentiert. Die Projektgruppe stand in regelmäßigem Austausch und recherchierte zusätzlich die Literatur zu dem ausgewählten Themengebiet.

Soziale Nachhaltigkeit

Die Untersuchungen der sozialen Nachhaltigkeit beschränkten wir aufgrund des Umfangs und der zeitlichen Ressourcen auf den Umgang mit der älter werdenden Gesellschaft. Zunächst wurde der aktuelle Diskurs untersucht, um den Begriff der sozialen Nachhaltigkeit greifbar zu machen und Forschungsfragen näher zu definieren.

Ziel der Untersuchung war es zu überprüfen, inwiefern die älter werdende Gesellschaft in die Gemeinde Kaufungen integriert ist, welche Aufgaben diese übernimmt und wie zufrieden sie mit dem Leben in der Gemeinde ist.

Hierfür wurde eine Stichprobe aus der Alterskohorte des Geburtsjahres 1944 zu verschiedenen Themen mit einem Leitfadeninterview befragt. Die Adressen bekamen wir von der Gemeinde Kaufungen, mit Hilfe von Julia Schimpf.

Es wollten nur wenige der ausgewählten Kaufunger*innen an der Befragung teilnehmen. Viele begründeten dies mit Zeitmangel, andere hatten keine Motivation oder kein Vertrauen. Letztlich wurden sieben Interviews durchgeführt.

Lebensmittelproduktion und regionale Kreisläufe

Die Situation der Lebensmittelproduktion sollte ebenfalls mit Interviews ermittelt werden. Hierzu sollten Personen befragt werden, die sich in Kaufungen auskennen und auf diesem Gebiet versiert sind.

Als Interviewpartner wurden Werner Diederich, Vorsitzender des Ortsbauernverbandes Niederkaufungen, und der ehemalige Kaufunger Metzgermeister Gerhard Reichel gefunden. Die Interviews wurden als fragebogengestützte Leitfadeninterviews geführt, es gab jedoch auch spontane Fragen, die nicht im Fragebogen festgehalten waren.

Im Interview mit Herrn Diederich lag das Hauptaugenmerk auf der landwirtschaftlichen Situation in Kaufungen. Besonders regionale Kreisläufe sowie das Verhältnis zwischen den Bürger*innen und den Landwirt*innen sollten erfragt werden. Die Beantwortung der Fragen sollte mit Berücksichtigung der Kaufunger Bauern und Bäuerinnen stattfinden, sodass Informationen von mehreren Betrieben gesammelt werden konnten. Das Interview mit Herrn Reichel war auf die vergangenen Jahrzehnte Lebensmittelproduktion in Kaufungen gerichtet. Hierbei sollten ebenfalls die regionalen Kreisläufe in Kaufungen erfragt werden.

Energie, Energieerzeugung und Energiegenossenschaft

Um empirisch zu untersuchen, wie nachhaltige Energieerzeugung in Kaufungen organisiert ist, wurden drei Expert*inneninterviews geführt. Die Leitfäden für die einzelnen Expert*inneninterviews wurden ausgearbeitet und dann mit Hilfe des Dozenten überarbeitet und angepasst. Außerdem wurden Materialien und Daten von den Interviewpartnern*innen bereitgestellt. Hierzu gehören Statistiken aus der Gemeindeverwaltung, das Klimaschutzkonzept, welches ebenfalls von der Gemeindeverwaltung in Auftrag gegeben wurde, Broschüren und andere Informationsblätter der Initiativen. Sowohl die Interviews als auch die Daten wurden daraufhin interpretiert und ausgewertet. Als Interviewpartner*innen wurden Personen ausgewählt, welche als Repräsentierende von bestimmten Initiativen und Vereinen aus der Gemeinde Kaufungen fungieren. Dabei handelt es sich um Initiativen und Vereine, welche sich für die Energiewende, regenerative Energieerzeugung und regionale Umweltprojekte einsetzen.

Das erste Experteninterview wurde mit Steffi Welke geführt. Sie ist Mitglied der Initiative „Kaufungen gestaltet Zukunft". Diese ist nach dem Vorbild der „Transition Towns"[6] gegründet. Diese „Energiewende-Initiativen" haben zum Ziel, sich unabhängig zu machen von fossilen Energieträgern und großen

---

6 Weiterführende Literatur: Hopkins, Rob: Das Handbuch; Anleitung für zukünftige Lebensweisen, 1. Auflage, Frankfurt am Main 2008.

Energiekonzernen. Außerdem versuchen sich die Mitglieder in unterschiedlichsten Vereinen und Projekten zu engagieren, um sich so weiter zu vernetzen.

Das zweite Interview wurde mit dem Vorstandsmitglied der „Energiegenossenschaft KaufungerWald e.G", Herr Nitsche, geführt. Bei dem Interview gab es mehrere Themenschwerpunkte. Erstens sollten Informationen wie Ziele und interne Arbeitsabläufe in Erfahrung gebracht werden. Der zweite Frageblock beschäftigte sich mit der Kooperation mit anderen Initiativen und der Gemeinde und welche Probleme oder Synergien dabei auftreten. Der letzte Experte, mit dem ein Interview geführt wurde, war Herrn Christmann, dem Leiter des Bauamtes in der Gemeindeverwaltung Kaufungen. Die Aufgaben des Bauamtes sind zum Beispiel „Gebäudemanagement, Bau- und Landschaftsplanung, Vermarktung und Ankauf von Grundstücken".[7] Die Gemeindebetriebe, welche ebenfalls dem Bauamt unterstellt sind, sind für die Wasserversorgung der Gemeinde Kaufungen verantwortlich.

Dass Energieaufgaben ins Bauamt integriert sind, ist historisch bedingt, da alle Liegenschaften und deren Versorgung mit Strom, Gas und Wasser seit 30 Jahren vom Bauamt verwaltet werden.[8] Dabei werden Daten gesammelt, mit denen die Gemeindeverwaltung arbeiten muss, beispielsweise um eine Energiebilanz zu erstellen.

---

7 Interview mit Herrn Christmann.
8 Vgl. ebd.

Nachhaltigkeit als Konzept und Paradigma

Historische Darstellung der Nachhaltigkeit: Von der regionalen Forstwirtschaft zum globalen Politikprogramm

Der Begriff Nachhaltigkeit findet erstmals Erwähnung am Anfang des 18. Jahrhunderts.[9] In diesem Kontext war er mit dem Bergbau und der Holzwirtschaft verbunden. Mit dem Aufkommen der Metall- und Erzgewinnung in Mitteldeutschland, vor allem im Harz und Erzgebirge, wurden Wälder gerodet, was zu einer Übernutzung der Wälder führte.

Der damalige sächsische Oberberghauptmann, Carl von Carlowitz, beschreibt in seiner Abhandlung von 1713, der „Sylvicultura oeconomica", dass der Hertzynischee Wald an vielen Orten ganz ausgerottet und nur noch an hohen und steinigen Stellen Bäume stehen.[10] Es war im Verlauf der Hütten- und Bergbauindustrie des 18. Jahrhunderts nicht der Erzbestand, der diesen Wirtschaftszweig in seiner Existenz bedrohte, sondern der Mangel an Holz bzw. Holzkohle[11]. Von Carlowitz erkannte in dem bevorstehenden Holzmangel eines der größten Probleme der damaligen Wirtschaft. Um dem entgegenzuwirken forderte Von Carlowitz von der Forstwirtschaft eine "[...] continuirliche beständige und nachhaltende Nutzung [...]"[12] der Wälder.

Hier taucht erstmals der Begriff der "nachhaltenden" Bewirtschaftung auf. Darunter verstanden wurde eine Bewirtschaftungsweise des Waldes, die auf einen möglichst hohen und dauerhaften Holzertrag abzielte.[13] Das bedeutet, dass nur so viel Holz im Jahr geschlagen wird, wie auch nachwächst. Ökonomische und ökologische Interessen werden versucht miteinander zu verknüpfen. Nachfolgende Forstexpert*innen wie Anna Amalia nahmen das Konzept auf und in den folgenden Jahrzehnten wurde dieses in die Praxis umgesetzt und ist heute noch Vorbild für Nachhaltigkeitsfragen.[14]

Eine neue und "moderne" Bedeutung des Begriffes nachhaltig - sustainable - erfährt dieser durch die Veröffentlichung des Buches „Grenzen des Wachstums" im Jahr 1972. Dieser vom „Club of Rome" erstellte Bericht hinterfragte erstmals, welche negativen Folgen der technische Fortschritt und die Produktions- und Lebensstile der Industriestaaten auf die Umwelt haben.[15] Es ging vor allem um die Fragen, wie belastbar die natürliche Umwelt ist und welche Auswirkungen das Paradigma vom "grenzenlosen Wachstum" auf Luft, Wasser, Boden und Artenvielfalt hat.

---

9 Vgl. Grundwald, Armin; Kopfmüller, Jürgen: Nachhaltigkeit, 2. Aktualisierte Auflage, Frankfurt am Main 2012, S. 18.
10 Vgl. Von Carlowitz, Hans Carl: Klaus Irmer (Hg.): Sylivicultura oeconomice. Anweisung zur wilden Baum-Zucht, Freiberg 2000, S. 5.
11 Vgl. Cortekar, Jörg; Jörg, Jasper; Sundmacher, Thorsten, S. 112.
12 Von Carlowitz, S. 105.
13 Vgl. Grunwald; Kopfmüller, S. 18.
14 Vgl. Grober, S. 162.
15 Vgl. Möller, Uwe: Nachhaltigkeit: Anspruch und Wirklichkeit "Grenzen des Wachstums" - ein Denkanstoß, in: Karin Feiler (Hg.): Nachhaltigkeit schafft neuen Wohlstand; Bericht an den Club of Rome, Frankfurt am Main 2003, S. 19–25, hier S. 19.

Die Fragen wurden erstmals mit Hilfe von Computersimulationen beantwortet, um auf deren Basis ein „Weltmodell" aufzustellen, welches die Auswirkungen des ständigen Wirtschaftswachstums aufzeigt. Die Erkenntnis, dass durch die menschliche Wirtschaftsweise, die Ressourcenausbeutung, das anhaltende Wachstum der Erdbevölkerung und der Umweltverschmutzung, das Ökosystem kollabieren würde, war für die meisten Industrienationen ein Schock, welcher bewirkte, dass die Zusammenhänge von Wirtschaftswachstum und Begrenztheit der Ressourcen stärker diskutiert wurden.[16]

Der Bericht wurde wegen seiner Konzeption und Methodik in der Fachwelt zunächst kritisiert und auch die meisten seiner Vorhersagen haben sich bis heute nicht bewahrheitet.[17] Dennoch hat er ein Bewusstsein dafür geschaffen, wie Ökonomie und Ökologie im Globalen zusammenhängen und dass ökonomisches Wachstum nicht unendlich ist. Heute ist das Wissen, dass natürliche Ressourcen auf der Erde begrenzt sind, allgemein bekannt.[18]

Es gab in der Folge mehrere politische Reaktionen auf die anhaltende Umweltzerstörung. Zum Beispiel fand 1972 die erste Umweltkonferenz der UN statt, bei der das „Umweltprogramm der Vereinten Nationen" (UNEP) gegründet wurde. 1980 erschien der Bericht an den US-Präsidenten Carter „Global 2000", welcher die Ressourcen- und Bevölkerungsproblematik in Beziehung setzte.[19] Elf Jahre nach der Veröffentlichung von „Grenzen des Wachstums" und als Folge der fortschreitenden Umweltzerstörung, besonders in den Entwicklungsländern, wurde die „Weltkommission für Umweltschutz und Entwicklung", die Brundtland-Kommission, gegründet. Diese nahm im November 1983 unter dem Vorsitz der norwegischen Ministerpräsidentin Gro Harlem Brundtland ihre Arbeit auf.[20]

Das Ziel der Kommission war die Erstellung eines Berichtes über die „Welt-Umweltsituation".[21] Des Weiteren sollten konkrete Handlungsempfehlungen und Strategien erarbeitet werden, beispielsweise, dass bis zum Jahr 2000 und darüber hinaus eine dauerhafte und umweltschonende Entwicklung im Weltmaßstab zu erreichen sei.[22] Hierfür brachte die Kommission problematische Entwicklungen, die bis dahin als separat wahrgenommen wurden, in einen Kontext und verknüpfte sie. Zu den Problemen zählten die Zunahme von absoluter Armut, das anhaltende Bevölkerungswachstum, die Übernutzung natürlicher Ressourcen und wirtschaftliche und soziale Entwicklungsungleichheiten. Demzufolge haben die ökologischen Probleme ihren Ursprung im „industriellen Wachstum" des „Nordens", während die Umweltzerstörung im „Süden" mit Armut und Bevölkerungswachstum verknüpft sind.[23]

---

16 Vgl. Grunwald; Kopfmüller, S. 20f.
17 Vgl. ebd. S. 21.
18 Vgl. Möller, S. 19.
19 Vgl. Grunwald/ Kopfmüller, S. 21.
20 Vgl. Weiland, Sabine: Politik der Ideen; Nachhaltige Entwicklung in Deutschland, Großbritannien und den USA, Wiesbaden 2007, S. 25.
21 von Weizsäcker, Ernst Ulrich: Erdpolitik; ökologische Realpolitik an der Schwelle zum Jahrhundert der Umwelt, Darmstadt 1992, S. 119.
22 Vgl. Pufe, S. 41.

Um diese Probleme zu lösen, sollte das zukünftige Entwicklungsmodell die natürlichen Ressourcen auch für zukünftige Generationen erhalten und die Bedürfnisse der Armen weltweit befriedigen. Umwelt- und Entwicklungspolitik wurden verknüpft und die Probleme sollten auf globaler Ebene gelöst werden. Das zentrale Element des Berichtes ist das Leitbild des „sustainable development"[24], welches durch die Kommission erstmals in die Fachdiskussion eingeführt wurde und die Nachhaltigkeitsdebatte bis heute prägt. Dabei sollte nicht auf Wachstum verzichtet, sondern eine neue Ära des „nachhaltigen Wachstums", beispielsweise Effizienzsteigerung, Dematerialisierung, rationales und globales Ressourcenmanagement, eingeleitet werden.[25]

Die Ergebnisse wurden 1987 in dem offiziellen Bericht mit dem Titel „Our Common Future" veröffentlicht. Der zentrale Satz des Berichtes, welcher auch die bis heute gültige Definition von „nachhaltiger Entwicklung" wiedergibt, lautet:

Nachhaltige Entwicklung ist die Entwicklung, welche die Bedürfnisse der gegenwärtigen Generationen deckt, ohne die Fähigkeit zukünftiger Generationen zu gefährden, ihre eigenen Bedürfnisse zu decken.[26]

Das Besondere an diesem Nachhaltigkeitskonzept ist, dass der Mensch im Mittelpunkt steht und die Befriedigung menschlicher Bedürfnisse Ziel der Entwicklung sein soll. Außerdem ist soziale Gerechtigkeit und der Erhalt der natürlichen Ressourcen für zukünftige Generationen fest in dem Konzept verankert.[27] Damit verknüpft der Brundtland-Bericht Soziales, Ökonomisches und Ökologisches, wobei alle drei Bereiche als gleichwertig und abhängig von einander angesehen werden, darauf wiederum baut die sogenannte „Drei-Säulen-Theorie" von Nachhaltigkeit auf.

Ein weiterer Verdienst des Berichtes war das Einleiten einer weltweiten und intensiven Diskussion über die Wege zur Umsetzung von Nachhaltigkeit, sowohl in Politik und Wirtschaft als auch in den Medien und der Gesellschaft.[28] Damit einher ging allerdings eine Diversifizierung und Ausdifferenzierung des Begriffes, da er von verschiedensten Organisationen und Akteuren unterschiedlich ausgelegt worden ist. Ökologen heben den Wert der Natur hervor, wohingegen Ökonomen Entwicklung mit Wachstum und nachhaltige Entwicklung mit kontinuierlichem Wirtschaftswachstum gleichsetzen. So sorgte der Brundtland-Bericht für eine weltweite und intensive Auseinandersetzung mit einem neuen Entwicklungsparadigma auf der einen Seite. Auf der anderen Seite trug er wegen seiner unscharfen Definition des Begriffes zu einer inflationären Verwendung bei, was wiederum Kritiker dazu veranlasste das Konzept als "Leerformel" oder "inhaltslosen Begriff" zu bezeichnen.[29]

---

23 Vgl. Brand, Karl-Werner: Umweltsoziologie; Entwicklungslinien, Basiskonzepte und Erklärungsmodell, Weinheim 2014, S. 56.
24 Cortekar; Jasper; Sundmacher, S.121.
25 Vgl. Brand, S. 56.
26 Grober, S. 261.
27 Vgl. Weiland, S. 25f.
28 Vgl. Grunwald; Kopfmüller, S. 24f.
29 Vgl. Weiland, S. 26f.

Der Brundtland-Bericht war und ist gleichwohl von großer Bedeutung für die Nachhaltigkeitsdebatte, weil durch diesen zum einen die Grundlagen für den "Erdgipfel" in Rio 1992 gelegt wurden. Zum anderen hat die Brundtland-Kommission erst den Vorschlag, eine solche Konferenz abzuhalten, bei den Vereinten Nationen eingebracht.[30] Diese entschieden sich 1989 in einer UN-Vollversammlung den Handlungsempfehlungen des Brundtland-Berichtes Taten folgen zu lassen.

Im Folgenden wird näher auf diesen "Erdgipfel", welcher der Idee der nachhaltigen Entwicklung zu weltweiter Aufmerksamkeit und zur politischen Gestaltungskraft verhalf, eingegangen.

1992 wurde die „UN-Konferenz für Umwelt und Entwicklung" (UNCED), oder auch „Erdgipfel" genannt, in Rio abgehalten. Dabei sollten die Ergebnisse und Analysen des Brundtland-Berichtes in verbindliche Verträge und Konventionen übertragen werden.[31] Diese Konferenz war die bis dahin größte und umfassendste Umweltkonferenz, die je abgehalten worden war. Vom 3. bis zum 14. Juni tagten die Teilnehmer aus 178 Staaten, wobei ebenfalls 2.400 Vertreter von verschiedensten „Nicht-Regierungs-Organisationen" anwesend waren.[32]

Schon die Vorbereitungen auf den „Erdgipfel" brachten die Konflikte zwischen den "Industriestaaten" und den „Entwicklungsländern" wieder zum Vorschein. Diese Konfliktlinien taten sich schon auf der „Stockholmer Umweltkonferenz" 1972 auf und veränderten sich bis 2009 auf der „Kopenhagener Umweltkonferenz" nur minimal.[33]

Der „Norden", im speziellen die USA, wollte sich seinen Lebens- und Konsumstil nicht in Frage stellen lassen. Der „Norden" ist, so steht spätestens seit den Veröffentlichungen des Brundtland-Berichtes fest, für den Großteil der weltweiten Umweltzerstörung verantwortlich. Zum Beispiel verbrauchen deutsche Bürger*innen zehnmal so viel wie Menschen in "Entwicklungsländern" und die "Industrienationen" produzieren heute mehr als 70% des vom Menschen freigesetzten Kohlendioxids.[34]

Der „Süden" wiederrum wollte sich nicht die Souveränität nehmen lassen, über seine eigenen Rohstoffressourcen zu bestimmen. Dieser sah die globalen Wirtschaftsbeziehungen und seine technische sowie wirtschaftliche „Rückständigkeit" als Hauptgründe für die Umweltkrise an. Da im globalen Maßstab Umweltschutz nur durch Wirtschaftswachstum möglich war, wollte der "Süden" auf dieses Wirtschaftswachstum nicht verzichten. Dass am Ende dennoch Konventionen und Regelungen verabschiedet wurden, ist den besonderen Bemühungen einzelner Staaten und der großen medialen Berichterstattung zu verdanken, welche zusätzlichen politischen Druck auf die Akteure ausübte.[35]

---

30 Vgl. Grunwald; Kopfmüller, S. 25.
31 Vgl. Pufe, S. 49.
32 Vgl. ebd. S. 49.
33 Vgl. Grober, S. 265.
34 Vgl. von Weizsäcker, S. 201f.
35 Vgl. Grunwald; Kopfmüller, S. 25.

Ergebnis, trotz der großen Konfliktlinien, war die Etablierung von nachhaltiger Entwicklung. Nachhaltigkeit wurde zum Leitbild für das 21. Jahrhundert.[36] Auf dem „Erdgipfel" in Rio wurden insgesamt fünf Dokumente unterzeichnet, welche das Leitbild der Nachhaltigkeit in der Politik verankern sollten.

Die „Rio-Deklaration zu Umwelt und Entwicklung" beinhaltet die allgemeinen Prinzipien von Nachhaltigkeit und dient als Rahmenerklärung, in der alle Teilnehmer zur Einhaltung dieser angehalten wurden. Des Weiteren wurde den "Entwicklungsländern" ein Recht auf Entwicklung zugestanden, unter der Bedingung, dass diese dem Raubbau an den natürlichen Ressourcen und dem Bevölkerungswachstum Einhalt gebieten. Die Industriestaaten wurden angehalten nachhaltiger zu produzieren und zu konsumieren.[37]

Die "Agenda 21" beinhaltet das Aktionsprogramm mit Zielen, Maßnahmen und Instrumenten für die Umsetzung der nachhaltigen Entwicklung. Der Name symbolisiert, dass es sich um eine Aufgabenliste für das 21. Jahrhundert handelt. Auf 800 Seiten werden sämtliche Umweltprobleme der "Entwicklungsländer" behandelt.[38] Dabei werden sowohl sozioökonomische Fragen, ökologische Themen als auch die unterschiedlichen Perspektiven der Akteure berücksichtigt. Des Weiteren wurden die Finanzierung, der Technologietransfer und die institutionelle Absicherung der "Agenda 21" verabschiedet. Außerdem wurde die "Kommission für nachhaltige Entwicklung" der Vereinten Nationen installiert, welche die Umsetzung der "Agenda 21" begleiten und unterstützen soll. Die "Klimarahmenkonvention" regelt die Treibhausgasemission und hat zum Ziel, dass ein Anstieg dieser verhindert wird. Die "Biodiversitätskonvention" wiederum hat die Erhaltung der biologischen Vielfalt zum Ziel. Dabei sollen der Nutzen ihrer Bestandteile und der daraus ergebene Vorteil gerecht aufgeteilt werden und auch der wirtschaftliche Gewinn von genetischem Material ist integriert. In der "Walderklärung" sind Ziele und Maßnahmen formuliert, welche zur Bewirtschaftung, der Erhaltung und nachhaltigen Entwicklung der Wälder beitragen.

Trotz der Verabschiedung der Dokumente und ihrer Unterzeichnung durch 178 Staaten gibt es starke Kritik an einzelnen Konventionen und deren Vereinbarungen. Keine der vereinbarten Konventionen enthält überprüfbare Verpflichtungen. Selbst die "Agenda 21" ist ein unverbindliches Dokument. Sie ist wie die "Biodiversitätskonvention", die "Rio-Deklaration" und "Walderklärung" ohne völkerrechtliche Verbindlichkeiten und enthält teilweise unklare und widersprüchliche Aussagen.[39] Die Klimakonvention enthält ebenfalls keine verbindlichen Zeiträume zur Umsetzung der Maßnahmen, wurde jedoch von allen Staaten unterschrieben.[40] Die USA unterschrieb die "Biodiversitätskonvention" nicht,

---

36 Vgl. Grober, S. 265.
37 Vgl. Sebaldt, Martin: Karriere und Entfaltung einer entwicklungspolitischen Strategie, in: Jan Geiss, David Wortmann und Fabian Zuber (Hg.): Nachhaltige Entwicklung-Strategie für das 21. Jahrhundert?, Eine interdisziplinäre Annäherung, Opladen 2003, S. 59–79, hier S. 66f.
38 Vgl. von Weizsäcker, S. 120.
39 Vgl. Grunwald; Kopfmüller, S. 26ff.
40 Vgl. von Weizsäcker, S. 208.

weil keine ausreichende Sicherung der Patente US-amerikanischer Firmen gewährleistet war.[41]

Einige wichtige Themen, welche die Umweltpolitik und den Umweltschutz betreffen, wurden von vornherein von den Verhandlungen ausgeklammert. Etwa die Problematik der Verbrennung fossiler Energieträger und das Thema Atomenergie wurden auf Drängen einiger Länder, der Diskussion entzogen.[42]

Trotz Kritik ist von der Konferenz und den unterzeichneten Dokumenten ein Impuls ausgegangen, der die globale Umweltpolitik entscheidend mitgeprägt hat.[43]

Die vom partizipativen Charakter von Rio inspirierten Nachhaltigkeitsprozesse hatten zur Folge, dass die Konfliktlinien abgemildert und Entwicklungs- und Umweltorganisationen in internationalen Verhandlungsarenen an Bedeutung gewannen.[44] Auch wurden Vorgaben für nationale Nachhaltigkeitsstrategien beschlossen. In Deutschland nahm im Jahr 2000 der "Rat für nachhaltige Entwicklung" seine Arbeit auf. 2003 konnte dann die deutsche Nachhaltigkeitsstrategie vorgestellt werden.[45] Es kam so zu einem neuen Aufblühen von Bürgerbewegungen und Bürgerpartizipation und es entstanden kooperative Netzwerke, welche sich für nachhaltige Entwicklung einsetzen.[46] Die Forderungen haben in Politik und Wirtschaft Einzug gefunden und so verbindliche und internationale Klimaregime auf den Weg gebracht.[47]

Es bleibt festzuhalten, dass das Konzept der Nachhaltigkeit kein starres Konzept ist. Die praxisorientierte Umsetzung von Handlungsstrategien ist und bleibt eine große Herausforderung für die Gesellschaft, aber auch für die Wissenschaft. Nachhaltigkeit ist vielmehr ein normatives Prinzip, welches für die Menschheit im Allgemeinen gelten soll, und kann nicht nur aus ökologischen oder ökonomischen Prinzipien abgeleitet werden. Es impliziert die Frage nach einem "guten" Leben und wie Menschen in der Zukunft miteinander und ihrer natürlichen Umwelt im Einklang leben wollen, ohne ihre existenziellen Lebensgrundlagen zu gefährden.[48] Im folgenden Kapitel wird näher auf den regionalen und partizipativen Charakter der „lokalen Agenda 21" eingegangen.

---

41 Vgl. ebd, S. 132.
42 Vgl. Schmitz, Angela; Stephan, Petra: Die Umweltkonferenz zu Umwelt und Entwicklung in Rio de Janeiro 1992; Ausweg aus dem Interessendschungel? in: Dirk Messner und Franz Nuscheler (Hg.): Weltkonferenzen und Weltberichte. Ein Wegweiser durch die internationale Diskussion, Bonn 1996, S. 175–185, hier S. 177.
43 Vgl. Ebd. S. 184.
44 Vgl. Brunnengräber, Achim; Klein, Ansgar; Walk, Heike: NGOs im Prozess der Globalisierung; Mächtige Zwerge, umstrittene Riesen, Wiesbaden 2005, S. 62.
45 Vgl. Ott, Konrad; Döring, Ralf: Theorie und Praxis starker Nachhaltigkeit. Marburg 2008, S. 35.
46 Vgl. Brand, S. 62.
47 Vgl. Winter, Gerd: Multilevel governance of global environmental change; Perspectives from science, sociology and the law, Cambridge 2006.
48 Vgl. Renn, Ortwin; Knaus, Anja; Kastenholz, Hans: Wege in eine nachhaltige Zukunft, In: Birgit Breuel (Hg.): Agenda 21. Vision; nachhaltige Entwicklung, Frankfurt am Main 1999, S. 17–74, hier S. 20f.

Die „Lokale Agenda 21" – Globale Nachhaltigkeit beginnt in der Kommune

Die Idee einer nachhaltigen Entwicklung ist nach dem Brundtland-Bericht von 1987 und besonders nach der UN Konferenz für Umwelt und Entwicklung im Jahr 1992 zur Richtlinie der globalen Umwelt- und Entwicklungspolitik geworden. Es zeigte sich schnell, dass die meisten Ziele, die in der Agenda 21 festgelegt wurden, ihre Ansätze auf kommunaler Ebene fanden. Dazu zählen beispielsweise die Veränderung des Konsumverhaltens oder die Verstärkung von regionalen Kreisläufen im Lebensmittelvertrieb. Weiterhin wurden schon in der Vorbereitung zu der UN Konferenz die Wichtigkeit und die zentrale Rolle der Kommunen und Gemeinden betont.[49] Auf kommunaler Ebene sei die Distanz zwischen Verwaltung und Bürger*innen am geringsten. Hier ist es möglich, Menschen außerhalb der Verwaltung einzubeziehen.[50] Die 40 Kapitel umfassende Agenda 21 zeigt in Kapitel 28 die angedachten Aufgaben für Kommunen sowie Begründungen zur Wichtigkeit dieser auf. Diese Erläuterungen zu Beginn des Kapitels lauten wie folgt:

Da so viele der in der Agenda 21 angesprochenen Probleme und Lösungen ihre Wurzeln in Aktivitäten auf örtlicher Ebene haben, ist die Beteiligung und Mitwirkung der Kommunen ein entscheidender Faktor bei der Verwirklichung der Agendaziele. Kommunen errichten, verwalten und unterhalten die wirtschaftliche, soziale und ökologische Infrastruktur, überwachen den Planungsablauf, stellen die kommunale Umweltpolitik und kommunale Umweltvorschriften auf und wirken an der Umsetzung der nationalen und regionalen Umweltpolitik mit. Als Politik und Verwaltungsebene, die den Bürgern am nächsten ist, spielen sie eine entscheidende Rolle dabei, die Öffentlichkeit aufzuklären und zu mobilisieren und im Hinblick auf die Förderung einer nachhaltigen Entwicklung auf ihre Anliegen einzugehen.[51]

Hauptsächlich wurden die Ziele darauf gewichtet, dass erstens die Zusammenarbeit zwischen Kommunalverwaltung und den Bürger*innen in der Kommune gestärkt wird. Hierzu sollen Konsultationsprozesse, in welchen die Bürger*innen zu Rat gezogen werden, helfen. Dies sollte bis 1996 passieren. Zweitens wurde die Betonung auf die Zusammenarbeit der Kommunen untereinander gelegt. Der Informations- und Erfahrungsaustausch sollte gestärkt werden. Es wurde weiterhin festgelegt, dass Frauen und Jugendliche fest in Entscheidungs-, Planungs- und Umsetzungsprozesse einbezogen werden sollen. Maßnahmen wurden festgelegt, um diese Aufgaben anzugehen und beliefen sich größtenteils auf den Konsultationsprozess, die Informationsweitergabe der Bürger*innen an die Kommunalverwaltung.

Im Zuge der Konsultation und Konsensbildung würden die Kommunen von ihren Bürgern und von örtlichen, Bürger-, Gemeinde-, Wirtschafts- und Gewerbeorganisationen lernen und die Informationen erhalten, die sie benötigen, um die beste Strategie aufstellen zu können. Durch den Konsultationsprozess wurde das Bewusstsein der einzelnen Haushalte für Fragen der nachhaltigen Entwicklung geschärft.[52]

---

49 Vgl. Kopatz, Michael: „Lokale Nachhaltigkeit". Bibliotheks- und Informationssystem der Universität Oldenburg, 1998, S. 42.
50 Vgl. Wehling, Hans-Georg/ Ralph Baumheier et. al., in: "Kommunale Umweltpolitik", Stuttgart 1992, S. 7.
51 Agenda 21, Kapitel 28.1, S. 291.
52 Agenda 21, Kapitel 28.1, S. 291.

Die entwickelten Strategien sollten dann die vorhandene kommunale Gesetzeslage modifizieren, d.h. die kommunalen Programme und Politiken sollten von den Informationen der Bürger*innen profitieren. Weiterhin sollten Partnerschaften zwischen internationalen Organisationen wie z.b. „Habitat" (Zentrum der Vereinten Nationen für Wohn- und Siedlungswesen) oder der Weltbank gestärkt werden, um mehr Fördergelder für Kommunen zu generieren. Um den Kommunen den Einstieg in den Prozess der Lokalen Agenda 21 zu erleichtern, haben verschiedene Organisationen wie zum Beispiel „ICLEI" (International Council on Local Environmental Intitiatives) Leitfäden zur Erstellung einer Lokalen Agenda 21 publiziert. Diese sollen die Kommunen über die Aufgabenbereiche informieren und eine Hilfestellung bei Ablauf und Organisation geben.[53]

In Deutschland war der Einstig der Kommunen sehr langwierig. „16,2 Prozent aller Kommunen in Deutschland hatten im Mai 2002 einen Beschluss zur Lokalen Agenda 21 gefasst. In Großbritannien liefen Agenda-Prozesse zum gleichen Zeitpunkt in über 90 Prozent der Kommunen. [...] Norwegen erreicht 99 Prozent, Finnland und Schweden sogar 100 Prozent! [...] In diesem Licht erscheinen die deutschen Anstrengungen allenfalls bescheiden." Probleme, die in Deutschland zu solch einem niedrigen Anteil führen, seien u.a. der geringe Bekanntheitsgrad der (lokalen) Agenda 21, die aufwändige Bürokratie von Finanzierung und Legitimierung von Projekten auf Bundesebene und die Konkurrenzpolitik der Parteien, die sich bis in die kommunale Ebene erstreckt.[54]

Soziale Nachhaltigkeit
Nachhaltigkeit steht für ein kompliziertes, spannungsreiches und in mancher Hinsicht auch noch unklares und kontroverses Gefüge von Begriffen und Überzeugungen.[55] Es bedeutet, Verantwortung für die nachfolgenden Generationen zu tragen. In dem Fall einer Gemeinde könnte dies bedeuten, Anreize für die Jugend schaffen. Die Bürger*innen sollten der Gemeinde diese Verantwortung nicht allein überlassen. Nachhaltigkeit bedeutet aber auch, mit der älter werdenden Generation respektvoll umzugehen und sie in die Gemeinde zu integrieren und nicht auszugrenzen. Komplementär gehört ebenso der Wille der Älteren dazu, sich einzubringen. Laut Oberberg ist das Hauptziel der sozialen Nachhaltigkeit die Sicherung des gesellschaftlichen Zusammenhalts.[56]

Aktuelle Situation: Älter werdende Menschen
Sinkende Geburtenraten sowie eine immer besser werdende medizinische Versorgung führen zu einem demographischen Wandel, indem sich ein wachsender Anteil

---

[53] Vgl. http://www.bpb.de/apuz/26785/lokale-agenda-21-in-deutschland-eine-bilanz?p=3. Stand: 15.07.2015.
[54] Vgl. http://www.bpb.de/apuz/26785/lokale-agenda-21-in-deutschland-eine-bilanz?p=6. Stand: 15.07.2015.
[55] Bellmann, Reinart; Laitko, Hubert; Meiner, Klaus: Generationengerechtigkeit: Die Verknüpfung ökologischer und sozialer Zielstellungen im Nachhaltigkeitskonzept, in: UTOPIE kreativ, H. 153/154 (Juli/August 2003), S. 635-648, S. 635.

[56] Vgl. Spangenberg, H. Joachim: Soziale Nachhaltigkeit. Eine integrative Perspektive für Deutschland, in: UTOPIE kreativ, H. 153/154 (Juli/August 2003), S. 649-661, S. 650.

älterer Menschen erkennen lässt. Das ergibt insgesamt ein Bevölkerungsverlust bei einem simultan wachsenden Anteil der älteren Generation. Laut Becker waren im Jahr 1998 17,9 Millionen Deutsche mindestens 60 Jahre alt. Die Prognose für das Jahr 2050 lautet, dass 27, 8 Millionen Menschen mindestens 60 Jahre alt sein werden. Das werden ca. 41% der Bevölkerung Deutschlands.[57]

Diesen Veränderungen muss sich die Gesellschaft stellen. Es bedarf einer neuen Planung bezüglich der Kindergärten, der Pflegeinstitutionen, der Altenbetreuung, der Infrastruktur und vielen weiteren sozialen Institutionen. Auch im Bereich des Wohnens werden Veränderungen notwendig. Häuser und Höfe, die oft von Generation zu Generation übergeben wurden, stehen leer. Älteren Menschen fällt es oft schwer, sich um ein großes Gebäude oder ihren Garten zu kümmern, ohne Unterstützung durch Kinder oder Enkelkinder. Diese Häuser stehen leer und prägen das Gemeindebild.[58] Veränderungen lassen sich jedoch nicht einfach umsetzen.

Ein wichtiger Begriff, der mit diesen Veränderungen korreliert, ist die Daseinsfürsorge. Diese lässt sich schwer definieren, da sie viele Aspekte umfasst. Unter anderem die medizinische Versorgung, Bildung und soziale Sicherung. Die Aufgabe, dies zu verwirklichen, liegt in den Händen des Staates und dementsprechend zunehmend im Verantwortungsbereich kommunaler Ebenen.[59] So sagt Beetz, dass die Daseinsfürsorge und die Folgen sogar abhängig von regionalen und lokalen Entwicklungen sind. Dabei ist unklar, welche Wirkungen dies auf Regionen und Kommunen haben wird.

Denn das Altern eines Menschen trifft auf differente regionale und lokale Lebensverhältnisse, welche ein breites soziales, ökonomisches, kulturelles sowie infrastrukturelles Spektrum betreffen. Insbesondere sind die ländlichen Räume von einer starken Alterung betroffen. Auch in Kaufungen überwiegt die ältere Bevölkerung die jüngere. Beetz deutet verschiedene Ursachen an, die für den hohen Anteil der älteren Bevölkerung auf dem Land in Frage kommen. Zum einen zogen seit Beginn der Industrialisierung immer Menschen in die Stadt. Zum anderen sind die hohen Geburtenzahlen auf dem Land seit den 1960ern überproportional zurückgegangen, was sich auf den sogenannten „Pillenknick" zurückführen lässt. In den 1960er Jahren zogen viele junge Familien auf das Land, die heute zu den Älteren gehören. Und letztens erfahren ländliche Gebiete eine überdurchschnittlich starke Zuwanderung von Rentnern. Dies trifft vor allem auf attraktive ländliche Gebiete zu.[60]

---

57 Vgl. Becker, Hans: Das Dorf der Zukunft, Das Dorf der Zukunft – Szenario ländlicher Siedlungsentwicklung unter den Bedingungen des demographischen Wandels, Mitteilungen der Fränkischen Geographischen Gesellschaft Bd. 56, 2009, S. 171-180, hier S. 171f.
58 Vgl. Becker, Hans, S. 174.
59 Vgl. Kersten, Jens: Wandel der Daseinsfürsorge- Von der Gleichwertigkeit der Lebensverhältnisse zur wirtschaftlichen, sozialen und territorialen Kohäsion, in Claudia Neu(Hg.): Daseinsfürsorge. Eine gesellschafts-wissenschaftliche Annäherung, Wiesbaden 2009, S. 22-38, hier S. 23f.
60 Vgl. Beetz, Stephan: Regionale Dimensionen des Alterns und der Umbau der kommunalen Daseinsfürsorge-Entwicklungen am Beispiel ländlicher Räume, in Claudia Neu (Hg.): Daseinsfürsorge, S. 114-132, hier S.117.

Die Haushalts- und Familiensituation hat sich verändert. Immer mehr Personen wohnen in Single- und Zweipersonenhaushalten und immer weniger in intergenerationellen. Die jungen Menschen verlassen die Dörfer und die Älteren bleiben zurück. Zunehmend sind sie auf Unterstützung der Kommunen angewiesen. Hinzukommend muss berücksichtigt werden, dass die Wohnsituation der Betroffenen meist nicht angepasst wird, da eine Modernisierung der Wohnungen bzw. Häuser unrentabel scheint. Dies wirft die Frage auf, ob ein Entgegenwirken der Single- und Zweipersonenhaushalte nicht sinnvoll wäre. Zurück zu Mehrgenerationenhaushalten, in denen gegenseitige Unterstützung gewährleistet werden kann.

Wie erwähnt, ist es Aufgabe der Kommunen, sich um die Daseinsfürsorge zu kümmern. Diese bildet die Voraussetzung für die Lebens- und Wohnqualität der älter werdenden Gesellschaft. Besonderes Augenmerk sollte hier die Infrastruktur erhalten, die für die aktive Integration und Teilhabe Voraussetzung ist. Da die Älteren meist an ihr räumliches Umfeld gebunden sind, ist es besonders wichtig, dieses weitestgehend altenfreundlich zu gestalten. Zudem wollen die Älteren häufig in ihrer eigenen Wohnung bleiben. Es sollte eine Vielzahl an Pflegediensten sowie Altenheimplätzen geboten werden. Aber auch Unterstützung und Betreuung durch die Öffentlichkeit.

Oft ist die Daseinsfürsorge in ländlichen Gebieten unterdurchschnittlich. Es fehlen erforderliche Spezialisierungen sowie ein vielfältiges Angebot. Besonders wichtig erscheint daher ein ehrenamtliches und nachbarschaftliches Engagement. Traditionelle Institutionen wie Vereine werden laut Beetz nicht mehr als zeitgemäß gesehen. Vereine stellen Institutionen dar, in denen man Unterstützung durch andere Mitglieder und ein soziales Umfeld erfährt. Auf der kommunalen Ebene werden die Probleme der Älteren zudem oftmals nicht beachtet oder verharmlost. Beetz führt die Idee auf, es müssen Wohnkonzepte mit Nahversorgung entwickelt werden, die zudem Unterstützung und Beratung bieten.[61]

Hans Becker erstellt ein Szenario, wie ein Dorf in der Zukunft aussehen könnte. Dieses Zukunftsszenario verdeutlicht die Herausforderungen falls sich die Bevölkerungszahlen, wie prognostiziert, entwickeln werden. Neben dem Verlust von Schulen und Pfarrstellen droht ebenso die Schließung von Kneipen, die oft als Treffpunkt für die Dorfgemeinde gelten. Zusammenkünfte an Feiertagen wie Ostern fallen eventuell weg, was für den sozialen Zusammenhalt einer Gemeinde von Nachteil sein kann. Aber auch die Einrichtung von einem genossenschaftlichen Dorfladen, der für die älteren Menschen gut erreichbar ist oder eventuell einen Lieferdienst anbietet, wird dargestellt. Auch die Anpassung der Infrastruktur, die öffentlichen Verkehrsmittel ebenso betreffend, wird thematisiert. Auch er erkennt den Bedarf an Multifunktionseinrichtungen.

---

61 Vgl. Beetz, 114-130.

Abbildung 1: Bevölkerungsabnahme und Alterung

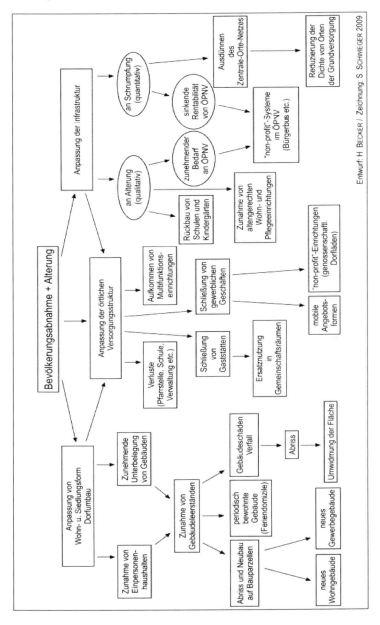

Quelle: Becker, S. 175

Was können Ältere zur Nachhaltigkeit unserer Gesellschaft beitragen?
Der demographische Wandel erfordert eine Anpassung der Institutionen. Dieser Wandel sollte nicht nur als ökonomische Bedrohung gesehen werden, sondern eröffnet auch wirtschaftliche Chancen. Denn viele ältere Menschen benötigen Unterstützung in der Sicherung ihrer Grundbedürfnisse. Hinzu kommen Bedürfnisse im kulturellen Bereich sowie ein Anspruch an Qualität in der Lebensführung. Rentner verfügen freier über ihre Zeit als die arbeitende Generation und haben somit mehr ökonomisches Potential. Die Schaffung von Dienstleistungsinstitutionen, die sich mit der Sicherung von Lebensqualität der älteren Generation befassen, würde zudem zur Sicherung von Arbeitsplätzen und somit zur sozialen Nachhaltigkeit beitragen.

Laut Bartjes stehen die älteren Menschen vor der Frage ihrer weiteren Lebensbewältigung. Diese Entscheidung sollte jedoch nicht allein getragen werden, sondern im Kollektiv. Mit der These „Es braucht ein ganzes Dorf, um alt zu werden" unterstreicht er diese Aussage. Denn mit dem Altern kommen Fragen auf, die jeden etwas angehen. Zum Beispiel das Ehrenamt. Bartjes betont, dass dieses strukturelle Veränderungen erfährt. Man wird nicht mehr einem Ehrenamt zugewiesen, an dessen strukturelle Bedingungen man gebunden ist, sondern bestimmt selbst, wo, wann, wie, wie oft und wie lange man arbeiten möchte. Zudem zieht man einen biografischen Nutzen aus der ehrenamtlichen Tätigkeit. Somit besteht ein reziprokes Verhältnis. Zudem ist ehrenamtliche Arbeit nicht notwendigerweise kostenlos, sondern wird zum Teil durch Gratifikation oder Symbolik entlohnt. Symbolik stellt hier einen sehr wichtigen Aspekt dar. Die Anerkennung der ehrenamtlichen Arbeit durch die Betroffenen, aber auch durch die anderen Mitglieder der Gemeinde, ist sehr wichtig.

Weiterhin ist es relevant, dass einem im Alter Handlungsräume offen stehen, was bedeutet, dass man weiterhin eine soziale Rolle ausüben kann, die von einem selbst und auch von anderen als sinnvoll empfunden wird. Auch hier wird das ganze Dorf miteinbezogen. Eine sinnvolle Rolle könnte zum Beispiel darin bestehen, sich um die Kinder zu kümmern oder eigene Projekte zu planen, die dem Wohle des Dorfes zukommen.[62]

Konstatieren lassen sich drei Bereiche, in denen es eine Anpassung an eine immer älter werdende Gesellschaft bedarf. Zum einen ist es zunächst die Aufgabe der Älteren selbst, ihr Leben lebenswert und sinnvoll zu gestalten. Nur wer sich integrieren möchte, findet einen Anknüpfungspunkt an der Gesellschaft. Dies kann beispielsweise durch die Betreuung von Kindern, Hausaufgabenhilfe oder Tätigkeiten in verschiedenen Vereinen erreicht werden.

Zum zweiten ist es Aufgabe der Dorfgemeinschaft, sich um die älteren Mitbürger*innen zu kümmern. Ehrenamtliches Engagement und Nachbarschaftshilfe sind hier wesentliche Aspekte. Aufgaben, die die Älteren nicht mehr selbständig bewältigen können wie beispielsweise die Pflege des Grundstücks, könnten durch

---

62 Vgl. Bartjes, Prof. Dr. Heinz: Es braucht ein ganzes Dorf, um alt zu werden, Bad Boll 2008, S. 2-6.

ehrenamtliche Initiativen übernommen werden, so dass die Älteren noch länger in ihrem eigenen Haus wohnen können. Zum Dritten ist es eine kommunale Aufgabe, für eine Teilhabe der Älteren in der Gesellschaft zu sorgen. Das Einrichten von Institutionen, die der Pflege und Betreuung dienen, ist eine unumgängliche Maßnahme. Aber auch weitergehende Angebote wie Altennachmittage oder Kaffeetreffen sollten arrangiert werden, um den sozialen Austausch und somit die soziale Nachhaltigkeit zu fördern.

Nachhaltigkeit und Lebensmittelproduktion
Es zeigt sich, dass der Begriff der Nachhaltigkeit auf viele Bereiche der praktischen Lebensführung anzuwenden ist, so auch auf die Landwirtschaft. Mit dem Anstieg der Weltbevölkerung, sowie sich in Zukunft verstärkenden Umwelt- und Ressourcenproblemen, wird der Landwirtschaft auf globalem Raum immer mehr Bedeutung zuteil, wenn es um Nachhaltigkeit geht. Die Erwartung, das Bevölkerungswachstum mit Lebensmitteln abzudecken und Krisen entgegenwirken zu können, ohne dabei verschwenderisch mit Ressourcen umzugehen, stellt die Landwirtschaft vor eine besondere und komplexe Aufgabe.[63]

Viele Jahre konventioneller Landwirtschaft haben die heutigen Bedingungen für einen nachhaltigen Lebensmittelanbau zusätzlich verschlechtert und erschweren somit die Bewältigung dieser Aufgabe. Besonders die Bodenqualität der Ackerflächen hat im vergangenen Jahrhundert abgenommen. Fast 40 Prozent der Ackerfläche sind durch mangelnde oder falsche Bewässerung degeneriert. Bodenerosion, Nährstoffverluste und Versalzung sind nur einige Folgen daraus. „So hat z.B. der massive Einsatz von Stickstoff und Phosphor in Düngemitteln einen negativen Einfluss auf die Wasserqualität. Außerdem sind einige der wichtigsten Nährstoffe, die derzeit in Düngemitteln verwendet werden, endlich."[64] Dabei ist es vor allem die Düngung, die in den letzten Jahrzehnten zu einem starken Produktionsanstieg geführt hat.[65] Die letzten 60 Jahre brachten beispielsweise im Winterweizenanbau eine Produktionssteigerung von drei auf acht Tonnen pro Hektar.

Weiterhin hat sich auch die durchschnittliche Milchproduktion pro Kuh in diesem Zeitraum stark von 2500 auf 6000 Kilogramm Milch pro Jahr erhöht.[66] Mit diesem Anstieg von über 50% in mehreren landwirtschaftlichen Bereichen hat sich zumindest die europäische Situation in den Überschuss befördert. Produktions- und ressourcenschwächere Regionen wie beispielsweise Länder in Subsahara-Afrika, die bis heute nicht von den benachteiligenden Folgen der Kolonialisierung befreit sind, bleiben hiervon jedoch größtenteils unberührt. „Während auf den Weltmärkten ein Überschuss an Nahrungsmitteln herrscht, die Preise immer weiter fallen und subventionierte Überschussprodukte aus den USA

---

63 Vgl. https://www.nachhaltigkeit.info/artikel/nachhaltige_landwirtschaft_1753.htm, Stand: 19.07.2015.
64 http://www.pflanzenforschung.de/de/journal/journalbeitrage/nachhaltigkeit-ursprung-und-bedeutung-fuer-die-landwirt-1023/, Stand: 19.07.2015.
65 Vgl. https://www.nachhaltigkeit.info/artikel/nachhaltige_landwirtschaft_1753.htm, Stand: 19.07.2015.
66 Vgl. Brunner, Karl-Michael: Nachhaltigkeit und Ernährung. Produktion-Handel-Konsum. FFM 2005. S. 26.

und der EU die Eigenproduktion von Nahrungsmitteln in Entwicklungsländern zurückdrängen, ist es nicht gelungen, das Problem der Welternährung zu bewältigen."[67] Die Aspekte des „westlichen" Überschusses und den starken Krisen in produktionsarmen Ländern, die steigende Umweltbelastung durch beispielsweise degenerierte Böden oder einer erhöhten Stickstoffemission, aber auch Ressourcenknappheit rücken die Frage nach einer nachhaltigen Lebensmittelproduktion in den Vordergrund. Gleichzeitig bedeuten sie für die Landwirtschaft, dass die steigenden Ansprüche auf gleichbleibender oder sogar abnehmender Fläche und auf minderwertigeren Böden erfüllt werden müssen. Im Bezug auf Landwirtschaft lässt sich Nachhaltigkeit also so definieren, dass sie ökonomisch sinnvoll und sozial verantwortbar sein muss und darauf ausgerichtet ist, Land, Wasser und genetische Ressourcen für künftige Generationen zu bewahren.[68] Weiterhin muss sie einen Weg finden, diese Ziele zu erreichen, ohne dabei belastend für die Umwelt zu sein.

Heute machen landwirtschaftliche Flächen 40 Prozent der gesamten globalen Landfläche aus. Eine steigernde oder effizientere Lebensmittelproduktion kann zukünftig durch eine Vergrößerung von Anbauflächen erfolgen. Doch wie kann landwirtschaftliche Arbeit nachhaltiger werden? Beispielhaft dafür sollen hier zwei Lösungsansätze aufgeführt werden.

Zum einen könnte eine durch Suffizienz erzielte Umverteilung stattfinden. Dieser Ansatz ist verbraucherbasiert und zielt auf eine Senkung des Bedarfs an Gütern sowie deren Verbrauch ab.[69] Dadurch könnte eine Umverteilung von Waren, Ressourcen und Technik stattfinden, die den Überschuss hierzulande und den Mangel an anderen Orten regulieren und ausgleichen könnte. Es müsste ein gesellschaftlicher Umbruch stattfinden, der von Politik, Wirtschaft und Gesellschaft gemeinsam, nicht nur von Landwirtschaft allein getragen wird. Dies erweist sich in der heutigen modernen Gesellschaft als schwer umzusetzbar, da es gesetzliche Grundlagen geben müsste, um eine gleichmäßige und faire Entwicklung von Suffizienz zu gewährleisten.

Ein weiterer Ansatz wäre die Steigerung der Effizienz der Landwirtschaft. Dabei geht es darum, mehr landwirtschaftliche Güter mit weniger oder alternativen Ressourcen zu generieren. Es sollen und müssen also mehr landwirtschaftliche Waren, bei gleichbleibenden oder sinkenden Flächen und Ressourcen sowie einer gerechteren Verteilung produziert werden. Dies kann nur mit Unterstützung der innovativen und fachübergreifenden Forschung passieren und die kann nur über eine ausreichende Unterstützung und Finanzierung erfolgen.[70]

„Die Bereitstellung von Alternativen für nichterneuerbare Ressourcen kann dabei insbesondere durch Investitionen in entsprechende Forschung und Entwicklung erreicht werden. Diese können z.B. durch Steuern auf nicht erneuerbare

---

67 https://www.nachhaltigkeit.info/media/1294153811phpxOOD7y.pdf, Stand: 19.07.2015.
68 Vgl. https://www.nachhaltigkeit.info/artikel/nachhaltige_landwirtschaft_1753.htm, Stand: 19.07.2015.
69 Vgl. http://www.pflanzenforschung.de/de/journal/journalbeitrage/nachhaltigkeit-ursprung-und-bedeutung-fuer-die-landwirt-1023/, Stand: 19.07.2015.

Ressourcen finanziert werden. Preise von weniger nachhaltigen Produkten steigen und ein Lenkungseffekt auf den Verbrauch nachhaltiger Produkte entsteht, so die Theorie."[71]

Nachhaltigkeit und Energie

Vor ca. 300.000-400.000 Jahren begann der Mensch mit der Umwandlung von „Primärenergie" in „Endenergie", indem er zur Wärmegewinnung, zur Zubereitung von Nahrung und zur Abschreckung von Tieren Holz verbrannte.[72] Andere Energieträger und Energiequellen waren die menschliche und tierische Arbeits-, Wind- und Wasserkraft sowie die Sonnenenergie. In den Agrargesellschaften Europas im 18. Jahrhundert war die Energieversorgung fast vollständig von erneuerbaren Energien gedeckt. Mit der Industrialisierung im 19. Jahrhundert wurde Kohle zum Hauptenergieträger, diese wurde nach dem 2. Weltkrieg vom Erdöl abgelöst.

Das Vorhandensein der Energie ist ein wichtiger Baustein für die menschliche Existenz und die Befriedigung deren Bedürfnisse.[73] Hierzu zählen Ernährung, Kommunikation, Kleidung, Wohnen und Mobilität. Für alle diese Bedürfnisse wird Energie benötigt. Auch die Entwicklung, die Funktions- und Existenzfähigkeit einer Gesellschaft sind von der Verfügbarkeit von Energie abhängig.[74] Energie ist Grundlage für soziale und wirtschaftliche Entwicklung und somit die Grundlage moderner Industrienationen. Wird berücksichtigt, dass der „westliche" Lebens- und Konsumstil von vielen „aufstrebenden" Ländern (Indien, China, Südamerika) als Maßstab für ein „entwickeltes" Land gilt, ist mit einem weltweiten Anstieg des Energieverbrauchs zu rechnen. Nach Angaben der internationalen Energie Agentur wird es einen Anstieg des globalen Primärenergieverbrauchs um 35% bis zum Jahr 2035 geben.[75] Dabei wird die verbrauchte Energie zu 80% aus fossilen Energieträgern gewonnen, die Tendenz ist dabei steigend.

Die Art und Weise, wie Energie im Moment zum großen Teil bereitgestellt und nutzbar gemacht wird, ist nicht nur mit Problemen verbunden, sondern auch nicht nachhaltig.[76] Das hat mehrere Gründe.

Erstens sind fossile und nukleare Energieträger nicht reproduzierbar und wachsen nicht nach. Kohle, Erdöl und Uran sind nur in begrenzter Menge auf der Erde vorhanden und somit endlich.

Zweitens sind die Folgen des Abbaus dieser Energieträger und deren Umwandlung in Endenergie mit zum Teil irreversiblen Schädigungen der Umwelt

---

70 Vgl. https://www.nachhaltigkeit.info/artikel/nachhaltige_landwirtschaft_1753.htm, Stand: 19.07.2015.
71 http://www.pflanzenforschung.de/de/journal/journalbeitrage/nachhaltigkeit-ursprung-und-bedeutung-fuer-die-landwirt-1023/, Stand: 19.07.2015.
72 Vgl. Rogall, Holger: Ökonomie der Nachhaltigkeit; Handlungsfelder für Politik und Wirtschaft, Wiesbaden 2004, S. 89.
73 Vgl. Umweltbundesamt: Nachhaltige Entwicklung in Deutschland; Die Zukunft dauerhaft umweltgerecht gestalten, Berlin 2002, S. 46.
74 Vgl. Grunwald; Kopfmüller, S. 126.
75 Vgl. International Energy Agency: World Energy Outlooks, Paris 2010.
76 Vgl. Hamburgisches Weltwirtschaftsinstitut: Nachhaltigkeit. Strategie 2030, Hamburg 2010, S. 25.

und des Menschen verbunden.[77] Das Verbrennen von fossilen Energieträgern setzt klimaverändernde Gase und Schadstoffe frei, was vermutlich zu einem Anstieg des Meeresspiegels, der Verschiebung von Klimazonen und der Zunahme von „Naturkatastrophen" führen kann. Radioaktive Strahlung hat ebenfalls Auswirkungen auf Mensch und Natur, wie die Katastrophen von Tschernobyl und Fukushima zeigen.[78] Auch ist die Entsorgung radioaktiver Abfälle ein Problem in einigen Nationen bzw. konnte dieses Problem noch nicht gelöst werden.

Ein drittes Argument ist, dass der Zugang zu Energieträgern und Energiequellen sehr ungleich und ungerecht verteilt ist.[79] Bis zu drei Milliarden Menschen auf der Erde sind zum Kochen und Heizen auf das Verbrennen von Biomasse angewiesen, da sie keinen Zugang zu kommerziellen Energieträgern haben. Des Weiteren ist der Energieverbrauch pro Kopf in den Industriestaaten rund 25-mal höher als in den ärmsten Ländern. Die Industriestaaten, welche 20% der Weltbevölkerung ausmachen, verbrauchen 70-80% der weltweiten Primärenergie.

Viertens sind viele Länder auf Energieträgerimporte angewiesen, um ihren Energiebedarf zu decken. Das schafft zum einen wirtschaftliche Abhängigkeit der Importeure, zum anderen sind einige exportierende Länder politisch instabil, was wiederum Gefahren für den Weltfrieden birgt.[80]

Nach dem Aufzeigen der o.g. Punkte kann zusammenfassend gesagt werden, dass die gegenwärtige Energienutzung und Energieerzeugung nicht den Anforderungen eines Nachhaltigkeitskonzepts entspricht.[81] Außerdem wird deutlich, welche große Rolle der Energiebereich für die Umsetzung von Nachhaltigkeit im Sinne der Agenda 21 spielt. Wie eine nachhaltige Energieversorgung gewährleistet werden kann und wie Energiesysteme gestaltet werden sollten, ist ein viel und kontrovers diskutiertes Thema in öffentlichen, wissenschaftlichen und politischen Diskursen.[82]

Die Anforderungen an eine nachhaltige Energieversorgung sind dagegen klarer formuliert. Eine nachhaltige Energieversorgung muss zum einen die dauerhafte Verfügbarkeit von Endenergie sicherstellen. Diese Verfügbarkeit muss auch für zukünftige Generationen gesichert werden. Die negativen Auswirkungen der Energiebereitstellung für Mensch und Umwelt müssen vermieden werden, das heißt sie muss umwelt- und gesundheitsverträglich sein.[83]

Das bedeutet, dass nur so viele Rohstoffe zur Energieerzeugung verbraucht werden dürfen, wie sich auf der Erde reproduzieren. Die Energieumwandlung andererseits darf das Ökosystem nicht dauerhaft schädigen. Eine globale Zugangs- und Verteilungsgerechtigkeit muss erreicht werden.[84] „Ärmeren" Ländern und „Entwicklungsländern" sollte der Zugang zu Energie erleichtert und die Energieversorgung weiter ausgebaut werden. Nachhaltige Energieversorgung muss außerdem demokratie- und friedens-

---

77 Vgl. Rogall, S. 92ff.
78 Vgl. Umweltbundesamt, S. 47f.
79 Vgl. Grunwald; Kopfmüller S. 127.
80 Vgl. Rogall, S. 92.
81 Vgl. Rogall, S.91.
82 Vgl. Grundwald; Kopfmüller, S. 129.
83 Vgl. Umweltbundesamt, S. 59.
84 Vgl. Grundwald; Kopfmüller, S. 129.

sichernd sein. Die Wirtschaftlichkeit muss auch bei einer nachhaltigen Energieversorgung gewährleistet sein. Dabei dürfen die Handlungsspielräume von Betrieben und anderen wirtschaftlichen Akteuren nicht eingeschränkt werden.[85]

Ein Beitrag aus Deutschland, welcher die nachhaltige Energieversorgung und die Energiewende vorantreiben soll, ist das Erneuerbare-Energien-Gesetzt (EEG). Dieses trat im April 2000 nach 1,5jähriger Regierungsarbeit von „Rot-Grün", in Kraft. Der Zweck des Gesetzes war bis 2010 den Anteil erneuerbarer Energien an der Stromversorgung zu verdoppeln.[86] Weiterhin sollte die Vergütungshöhe für Anlagenbetreiber stärker abgesichert werden. Die Vergütungssätze für eingespeisten regenerativen Strom wurden festgeschrieben und das Gesetz legte dadurch Mindestpreise für Strom aus regenerativen Energien fest.[87]

Zur Realisierung einer nachhaltigen Energieversorgung werden zwei Strategien diskutiert. Erstens eine Effizienzstrategie, wobei der Wirkungsgrad bei der Stromerzeugung einerseits und die Energieeffizienz von Elektrogeräten im Verkehr und im Gebäudebereich andererseits gesteigert werden soll.[88] Mit der Effizienzstrategie muss dabei eine Energiesuffizienz einhergehen, also die dauerhafte Verminderung des Energieverbrauchs durch die Veränderung von Nutzen- und Konsumaspekten.

Als zweite Strategie wird der kontinuierliche Ausbau der erneuerbaren Energien angestrebt, um so eine nachhaltige Entwicklung zu fördern.[89] Die beiden Strategien müssen dabei als gleichwertig angesehen werden. Eine dauerhafte nachhaltige Energieversorgung mit erneuerbaren Energien ist nur möglich, wenn der Energieverbrauch durch Energieeffizienz und Energiesuffizienz dauerhaft zurückgefahren wird.

---

85 Vgl. Umweltbundesamt, S. 59
86 Vgl. EEG vom 29.03.2000 §1.
87 Vgl. Dagger, Steffen: Energiepolitik & Lobbying; Die Novelle des Erneuerbare-Energien-Gesetzes (EEG) 2009, Stuttgart 2009, S. 73.
88 Vgl. Rogall, S. 102-109.
89 Vgl. Hennicke, Peter; Müller, Michael: Weltmacht Energie; Herausforderung für Demokratie und Wohlstand, Stuttgart 2005. S. 217f.

Auswertung

Stiftsweihnacht
Der Weihnachtsmarkt an der Stiftskirche in Kaufungen fand 2014 zum zehnten Mal statt. Jedes Jahr besuchen täglich ca. 4000-5000 Personen den Weihnachtsmarkt, der durch seine besondere Atmosphäre und hochwertige Handwerkskunst bekannt ist.

Ziel der Untersuchung war es zu ermitteln, inwiefern der Weihnachtsmarkt in ökologischer und sozialer Hinsicht nachhaltig ist. Hierzu wurde eine Totalerhebung der verschiedenen Stände durchgeführt. Experten*inneninterviews erbrachten detaillierte Informationen zu Herstellungsverfahren, Materialien und deren Herkunft. Insgesamt wurden 52 Stände befragt. Die Ergebnisse fielen sehr unterschiedlich aus. Die Stände wurden von uns in die fünf Kategorien Nahrung, Holz, Textil, Glas/Keramik und Anderes unterteilt.

Von 16 Lebensmittelständen haben acht Stände auf ein regionales Angebot geachtet. Unter diesen befanden sich fünf, die zudem biologisch hergestellte Zutaten verwendeten. So wurde beispielsweise das Wild aus dem anliegenden Stiftswald verarbeitet und verkauft. Auch die ortsansässige Metzgerei war mit drei Ständen auf dem Weihnachtsmarkt vertreten. Gemüse für Kartoffelpuffer wurde aus regionalem Anbau bezogen und auch das verwendete Brot stammte von der ansässigen Bäckerei. Süßwaren wie Kekse, Kuchen oder Crepes wurden nicht unter dem Aspekt der Nachhaltigkeit produziert, da bei der Auswahl der Zutaten nicht auf ökologische und regionale Bezüge geachtet worden ist.

Die beiden Materialgruppen Glas und Keramik haben wir zu einer Untersuchungsgruppe zusammengefasst. Von insgesamt sieben untersuchten Ständen haben sechs Keramikhersteller*innen das Kriterium der Nachhaltigkeit erfüllt. Positiv erscheint, dass viele ihren Lehm aus einer Lehmgrube im Westerwald bei Koblenz bezogen. Eine Manufaktur bezog sein Lehm zudem aus einer kleineren Lehmgrube, neben der des Westerwaldes.Alle Händler*innen, die Glaswaren verkauften, bezogen ihre Materialien zum Teil aus den USA. Dies entspricht nicht dem Nachhaltigkeitsprinzip, wenn man die langen Transportwege betrachtet.

Von 14 untersuchten Textilständen erwiesen sich insgesamt fünf als nachhaltig. Lederarbeiten, Kleidung, Taschen und Strickereien fassten wir unter dieser Rubrik zusammen. Einige Betreiber der untersuchten Stände waren nur Zwischenhändler*innen, andere bezogen ihre Materialen aus dem Ausland. Es befanden sich jedoch auch Stände unter den Textilhändler*innen, die sich um den Aspekt der Nachhaltigkeit Gedanken machten. So verarbeitete ein Stand beispielsweise Pelze und Filzdecken zu Taschen. Eine andere Künstlerin verwertete angespültes Paraffin und Holz aus dem Meer, um aus diesen Kerzen und andere Kunstgegenstände herzustellen. Auch alte Zahnräder wurden verwertet.

Weiterhin wurde der Aspekt der sozialen Nachhaltigkeit beachtet. So gab es einen Stand, in dem eine Dame geklöppelte Ware anbot und die Handarbeit vorführte. Ihre Intention war es, diese alte Tradition aufrechtzuerhalten und zu lehren.

Auswertung

Abbildung 2: Herkunftsorte der Verkaufsstände

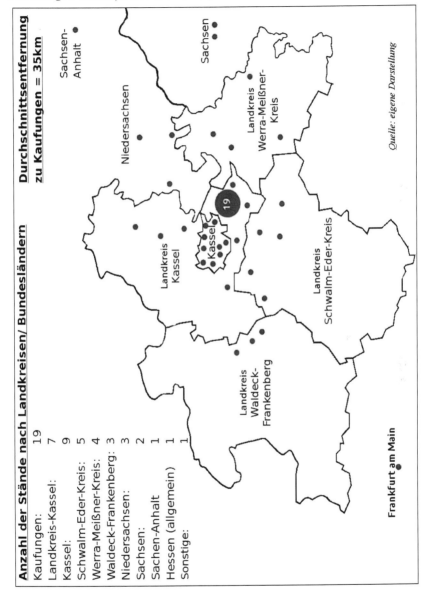

Die letzte Rubrik, die wir untersuchten, wurde als „Anderes" deklariert. Darunter fielen Schmuck, Metallkunst oder Stände, die kein spezielles Angebot aufwiesen. Von insgesamt acht untersuchten Ständen haben fünf Stände nachhaltig gearbeitet. So wurden beispielsweise Metall vom Schrottplatz oder Kräuter aus dem eigenen Garten verwertet.

An den insgesamt 52 Ständen wurden drei Personen mit psychischer oder physischer Behinderung beschäftigt. Unter dem Aspekt der sozialen Nachhaltigkeit ist dies positiv zu bewerten.

Von den 52 Ständen wiesen rund 21 Stände nachhaltige Aspekte auf. Das ist fast die Hälfte aller Aussteller. Es lässt sich festhalten, dass die Kaufunger Stiftsweihnacht insgesamt sehr positiv auffällt. An der abgebildeten Grafik lässt sich erkennen, dass es zum Großteil ein lokaler und regionaler Markt ist. Die durchschnittliche Entfernung der Händler zu Kaufungen liegt bei rund 33 Kilometern. Unter regionalen Nachhaltigkeitsaspekten lässt sich dies positiv bewerten.

Es sind viele regionale Hersteller anwesend, was lange Transportwege zum größten Teil ausschließt. Zudem stellen die meisten Stände ihre Produkte selbst her und die wenigsten sind Zwischenhändler. Auch, dass viele Hersteller sich Gedanken darüber machen, woher sie ihre Ware beziehen, ist positiv.

Gänzlich positiv lässt sich die Stiftsweihnacht als soziales Ereignis bewerten, welches die Dorfgemeinschaft zusammenhält und somit soziale Nachhaltigkeit fördert. Es haben sich ca. 120 ehrenamtliche Helfer*innen an der Organisation des Marktes beteiligt.

Allgemeine Befragung

Konzipierung

Die allgemeine Befragung für das Projektseminar wurde mittels standardisierter Fragebögen und Zufallsstichproben durchgeführt. Alle Straßen mit den Hausnummern 3 und 6 bekamen auf postalischem Weg einen Fragebogen, den eine Person des Haushalts ausfüllen sollte. Die Rückgabe erfolgte im EDEKA, REWE und dem Rathaus, wo speziell angefertigte Boxen zum Einwerfen der Fragebögen standen.

Der Fragebogen wurde mit 19 Fragen konzipiert, angefangen bei Alter und Geschlecht bis hin zum Stromanbieter. Insgesamt wurden 420 Fragebögen verteilt. Die Rücklaufquote betrug 21%. Dies ist ein positives Ergebnis.

Ergebnisse

Zunächst wurde das Alter abgefragt. In der Gruppe der 43-54jährigen haben mehr Frauen geantwortet, ab 54 Jahren mehr Männer. Insgesamt ist das geschlechtliche Antwortverhältnis ausgeglichen. In den Gruppen über 50 Jahren liegen zwei Drittel der Antworten, wohingegen die unter 35jährigen kaum vertreten sind. Dies lässt eine zunehmende Teilnahmebereitschaft mit dem Alter vermuten.

Wohnsituation
Nach dem Alter wurde die „Anzahl im Haushalt lebender Personen" erfragt. Dabei wurde deutlich, dass die Mehrheit, der in Kaufungen lebenden Personen, in einem Zweipersonenhaushalt wohnt. Insgesamt 53 der 88 Befragten geben an, in solchen Verhältnissen zu leben, was einen Anteil von 60% beträgt. Lediglich zehn Personen leben in Singlehaushalten, dies entspricht einen Anteil von 11,4%. Des Weiteren sind es elf Personen, welche zu dritt und elf Befragte, welche in Vierpersonenhaushalten zusammen leben. Diese Daten decken sich nicht mit denen des Microzensus 2011. Laut dieser Umfrage aus dem Jahre 2011 leben 40% der deutschen Bevölkerung in Einpersonenhaushalten und 34% der Bevölkerung in Zweipersonenhaushalten.[90] Das bedeutet, in der Gemeinde Kaufungen wohnen unterdurchschnittlich viele Menschen alleine und überdurchschnittlich viele Menschen in Zweipersonenhaushalten.

Aus ökologischer und sozialer Nachhaltigkeitsperspektive wäre es wünschenswert, dass sich mehr Mehrgenerationenhaushalte gründen, um beispielsweise Heizkosten und Wohnraum zu sparen. Des Weiteren besteht in einem Mehrgenerationenhaushalt die Möglichkeit, sich um die anderen Familienmitgliedern zu kümmern.

Der Bezug auf soziale Nachhaltigkeit ist indirekt durch die Daten sichtbar geworden. Auf die Frage, „Wie viele Erwachsene leben im Haushalt?" haben sechs Befragte „3" angegeben, eine einzige Person lebt mit vier Erwachsenen in einem Haushalt.

Hieraus kann geschlossen werden, dass es in unserer Stichprobe nur sieben Haushalte gibt, in denen die mittlere und ältere Generation zusammenleben. Daraus lässt sich folgern, dass ein Großteil der Älteren allein lebt. Bezieht man die Kinder mit in die Auswertung ein, erhält man einen Anteil von circa 29% an Mehrgenerationenhaushalten. Dies entspricht dem Bundesdurchschnitt. Ein Mehrgenerationenhaushalt ist dabei ein Haushalt, in dem mindestens zwei Generationen leben, wobei die Generationen im direkten und geradlinigen Abstammungsverhältnis zur Bezugsperson des Haushaltens stehen.[91]

Der Wandel der Haushaltsform hin zu weniger Personen je Haushalt, aber auch die Veränderung der Generationenstruktur innerhalb der Haushalte hat Auswirkungen auf die Bedeutung der Altenpflege. Die Aufgabe der Pflege von älteren Familienmitgliedern verschiebt sich. So sind es nicht mehr die jüngeren Generationen im gleichen Haushalt, welche die Pflege übernehmen, sondern immer mehr staatliche und private Institutionen. Um dieser Entwicklung gerecht zu werden, müsste die Politik gegensteuern bzw. Möglichkeiten bereitstellen, diese Aufgaben adäquat zu übernehmen.

---

90 Vgl. Statistisches Bundesamt Wirtschaft und Statistik: Haushalte und Lebensformen der Bevölkerung; Ergebnisse des Mikrozensus, Wiesbaden 2012, S. 979.
91 Vgl. ebd., S. 980.

Zu- und Fortzüge

Zudem wollten wir herausfinden, welche Altersgruppe vorwiegend nach Kaufungen zuzieht. Der Zuzug lässt sich vor allem zwischen 15 und 54 Jahren erkennen. Es sind insgesamt 57 der Befragten nach Kaufungen zugezogen. Dies sind circa 65%. Manche Antworten ließen sich mehreren Kategorien zuordnen, was in der Auswertung berücksichtigt wurde. Ferner fragten wir nach den Gründen des Zuzuges. Diese werden in der abgebildeten Grafik dargestellt.

Es lässt sich deutlich erkennen, dass die Infrastruktur einer der wichtigsten Gründe des Zuzuges ist. Infrastruktur meint hier die Mobilität, aber auch das Vorhandensein von Schulen, Ärzten und Einkaufsmöglichkeiten. Daraus lässt sich schließen, dass in Kaufungen ein reichhaltiges Angebot an Institutionen besteht. Die Zufriedenheit in diesem Bereich lässt sich auch an dem folgenden Zitat einer Befragten erkennen:

> *[...] Kaufungen liegt „im Grünen", uns wichtige Dinge wie Schule, Geschäfte, Ärzte etc. sind vorhanden, Straßenbahnanbindung nach Kassel, das Erscheinungsbild Kaufungens gefällt uns.*

Neben der Infrastruktur wird auch die Lebensqualität als häufiger Grund genannt. Darunter fallen die vielen kleinen Initiativen, das Landschaftsbild, die Nähe zur Stadt und der schöne Ortskern. Folgendes Zitat verdeutlicht das Bild:

> *Es ist schön in Kaufungen zu leben! Ich schätze die offene Atmosphäre, die vielen Initiativen (Kommunen, Bio-Laden, Selbsterntegarten, solidarische Landwirtschaft, Marktstand am Samstag,...) die tolle Anbindung an die Stadt durch die Tram u.v.m.*

Abbildung 3: Gründe für den Zuzug

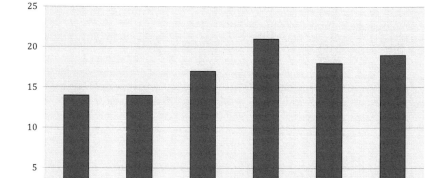

Quelle: eigene Darstellung

Der dritthäufigste Grund nach Kaufungen zu ziehen, ist explizit die Nennung des Landschaftsbildes. Der Steinertseepark liegt in unmittelbarer Nähe. Er umfasst ca. 30 Hektar, wovon ca. 4,5 Hektar Wasserfläche sind. Der Park entstand 1970 aus einem ehemaligen Braunkohleabbau, welcher renaturiert wurde. Auch die Losse ist integriert und bietet viel Lebensraum für Flora und Fauna. Entlang des Parks gibt es viele Wege für Spaziergänge und Ausritte, Platz zum Entspannen und viel Grün. Zudem liegt Kaufungen trotz seinem „Grünen Charakter" in der Nähe der Stadt Kassel. In der Befragung wurden auch die positiven Eigenschaften wie Natur, Ruhe und das „schöne Ortsbild" genannt.

Probleme in Kaufungen
An der abgebildeten Grafik wird sehr deutlich, dass die Autobahn das Problem ist, was für die meisten Bewohner*innen Kaufungens ins Gewicht fällt. Die Bewohner*innen haben Angst vor einer Verschlechterung der Lebensqualität, die auf die kommende Luftverschmutzung durch Abgase und Lärm zurückzuführen ist. Diese Angst wird durch Zitate verdeutlicht: „ [...] Die Autobahn wird viel Lebensqualität nehmen!!! Ich fürchte mich davor!!!" Aber auch, dass die B7 nach Fertigstellung der A44 geschlossen wird. Wird als Problem gesehen. Denn wenn Stau auf der A44 herrscht, wird der Verkehr zukünftig über die Dörfer geleitet, so auch durch Kaufungen. Die Verschlechterung der Lebensqualität, die aus Sicht der Befragten ein großes Problem darstellt, geht mit dem Bau der Autobahn einher. Diese ist auch mit dem Leerstand von Häusern und Geschäften in Kaufungen verbunden, was ebenfalls problematisch für viele Kaufunger*innen erscheint.

Abbildung 4: Probleme in Kaufungen

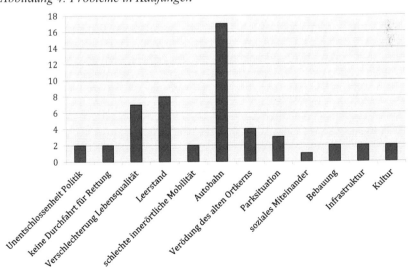

Quelle: eigene Darstellung

Das Zentrum wird teilweise als unbelebt dargestellt. Ein Befragter ist der Meinung, „der Ortskern blutet aus". Das ist eine harte Aussage sowie eine Forderung. Alte Häuser stehen leer, neue werden gebaut. Dies sollte nach den Kaufunger Bewohner*innen vermieden werden. Alte Häuser sollten renoviert werden. Eine Bewohnerin betont hier die positive Rolle der Kommune Niederkaufungen, die alte Fachwerkhäuser aufkauft und renoviert.

Auf die Frage, welche Probleme in Kaufungen gesehen werden, wurde jedoch nicht nur negativ geantwortet. So schrieb eine Person:

> *Kaufungen hat eigentlich keine großen Probleme. Die Gemeinde ist gut aufgestellt und ist dabei das Haushaltsdefizit auszugleichen. Probleme entstehen durch das Anspruchsdenken weniger. Ich glaube weniger ist mehr.*

Es lässt sich konstatieren, dass Kaufungen Probleme aufweist, die für viele Bewohner*innen auf der Hand liegen. Hierbei stellt das größte Problem der Bau der A44 da, den viele Bewohner*innen fürchten.

Verbesserungsvorschläge

Um Ansetzungspunkte für die Problematiken zu finden sowie Hinweise für mögliche Änderungen zu geben, fragten wir ebenso danach, was verbessert werden sollte.

Hier stechen vor allem der Wunsch nach Verbesserung der Attraktivität des Ortskerns und der Verbesserung der Infrastruktur hervor. Die Befragten wünschen sich mehr Geschäfte und weniger leerstehende Häuser im Ortskern. Eine Befragte schildert es wie folgt:

> *Die Dorfmitte soll stärker belebt werden, Möglichkeiten zum informellen, spontanen Plausch sollten geschaffen werden. Ich freue mich auf den Brauplatz. Davon verspreche ich mir eine Belebung...*

Zur Attraktivität des Ortskerns gehört für manche der Befragten auch der Ausbau des Wochenmarktes, der derzeit aus drei Ständen besteht. Ein breiteres Angebot an regionalen Produkten würde für ein „Nachhaltiges Kaufungen" sprechen. Ein Wochenmarkt stellt ein Angebot dar, an dem Menschen teilhaben und sich im Gemeindeleben integrieren und somit den sozialen Zusammenhalt stärken. Wenn solch ein attraktiver Treffpunkt nicht gegeben ist, dann wird die Interaktion zwischen den Bewohner*innen schwieriger. Des Weiteren sollte laut der Ergebnisse ein Ort zum Verweilen geschaffen werden, der an der Losse liegt und von Bäumen, Büschen und Wegen umgeben ist und eine Sitzgelegenheit anbietet. Auch hier mag der Wunsch dahinter stecken, am Gemeindeleben teilzunehmen und sich mehr zu integrieren.

Die Verbesserung der Infrastruktur stellt auch einen großen Wunsch dar. Hierunter fällt unter anderem die Verbesserung von Wegen, die rund um Kaufungen liegen. Zum Beispiel die Wege um den Steinertsee sollten befestigt werden, damit sie auch nach Regen begehbar sind. Aber auch die Verbesserung von öffentlichen Institutionen wird gefordert. Darunter fällt die Verbesserung des Hortangebots oder die Abschaffung der Aufteilung des ersten Schuljahres. Zudem sollten die öffentlichen Einrichtungen besser gepflegt werden.

Abbildung 5: Verbesserungsvorschläge der Bürger*innen

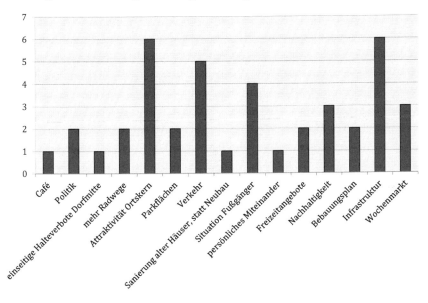

Quelle: eigene Darstellung

Auch die Öffnungszeiten der Gemeindeverwaltung, des Bürgerservice und der Post sollten verlängert werden.

Ein weiterer Wunsch war die Verbesserung des Verkehrs und die Situation der Fußgänger*innen. Es werden mehr Temporegulierungen gefordert. Vor allem in der Leipziger Straße sollte das Tempo auf 30-40km/h reduziert werden. Auch der Wunsch nach mehr Ampeln für Fußgänger*innen, explizit an der Leipziger Straße, wird geäußert.

Interessant ist, dass auch die Nachhaltigkeit in Kaufungen verbessert werden sollte. Einer der Befragten interessierte sich für die Ergebnisse früherer Ermittlungen zum demografischen Wandel. Andere forderten mehr lokale Märkte und die Förderung von kleinen Versorgungsmittelkreisläufen. Auch das alte Handwerk sollte wiederbelebt werden.

Kaufungen erfährt durch seine Kommunen ein Angebot an regionalen Produkten und Kreisläufen, welches stärker genutzt werden könnte.

Dies sind keine Verbesserungsvorschläge unsererseits, sondern Wünsche, die von Kaufunger Bürger*innen geäußert wurden.

Zufriedenheit

Zudem war es uns wichtig, die Zufriedenheit in Kaufungen zu erfragen. Dies erfolgte durch eine bipolare Skala, wobei 1 „sehr unzufrieden" und 7 „sehr zufrieden" darstellt. Zunächst einmal wollten wir wissen, wie hoch die allgemeine Zufriedenheit in Kaufungen ist. An der Grafik lässt sich erkennen, dass 20 der Befragten sehr zufrieden und 40 zufrieden mit Kaufungen sind. Dies ist ein sehr guter Schnitt. Insgesamt fallen die einzelnen Zufriedenheiten alle sehr positiv aus. Besonders die Mobilität und die Einkaufsmöglichkeiten wurden mit sehr großer Zufriedenheit bewertet.

Engagement

Weiterhin haben wir das Engagement in der Gemeinde erfragt. Ausgangsfrage dazu ist, ob die befragte Person in der Gemeinde aktiv ist. Anzukreuzen waren die Optionen Vereine, Parteien, Kirche, anderes ehrenamtliches Engagement sowie Initiativen und wenn ja, in welchem Bereich dieses Engagement ausgeübt wird.

Nach der Auswertung lässt sich festhalten, dass die Teilnahme am Vereinsleben relativ groß ist und sich gleichmäßig über alle Altersgruppen erstreckt. Dies unterscheidet sich positiv von dem allgemeinen Trend bezüglich des Vereinslebens. Insgesamt gaben 43 Personen an, in einem Verein aktiv zu sein. Dies entspricht circa 50 Prozent. Ebenfalls mit einer gleichmäßigen Verteilung wurde das Mitwirken in der Kirche als Engagement genannt. Hierzu haben wir mit 23 Personen eine kleinere Anzahl als bei Vereinen.

Auffällig ist das Ergebnis der Partizipation am Parteiwesen. Lediglich vier Personen gaben an, Mitglied in einer Partei zu sein, wobei alle vier aus den Altersgruppen über 55 Jahren stammen.

Sonstige ehrenamtliche Aktivitäten oder Initiativen fielen ebenfalls gering aus, mit acht bzw. sechs Angaben. Hier wurden vor allem Aktivitäten im Bereich Umwelt sowie im Bereich des Sozialen genannt. In geringer Ausführung auch die Feuerwehr. Die relativ hohe Teilnahmebereitschaft am Vereinsleben von ca. 50 Prozent ist positiv zu bewerten, denn Kaufungen liegt damit über dem deutschen Gesamtdurchschnitt. Vereine klagen heutzutage über sinkende Mitgliederzahlen: Einer Umfrage der „Stiftung für Zukunftsfragen" von 2014 zufolge liegt die Vereinsbeteiligung in Deutschland bei 44%. 1990 hingegen belief sich die Vereinsmitgliedschaft auf 62 Prozent.

Einen ähnlichen Verlauf verzeichnet die aktive Mitgliedschaft in Kirchen. Betrachten wir die Mitgliedschaften in Parteien, zeichnet sich ein gesamtgesellschaftliches Problem, die Gemeinde betreffend, ab. Bundesweit verlieren so gut wie alle Parteien Mitglieder und es sind vor allem die etablierten Parteien wie CDU und SPD die Verluste einbüßen, wenn es um Mitgliederzahlen geht. Das durchschnittliche Alter der Mitglieder dieser Parteien liegt bei 59 Jahren. Hier passt Kaufungen ebenfalls ins Bild.

Abbildung 6: Zufriedenheit der Bürger*innen

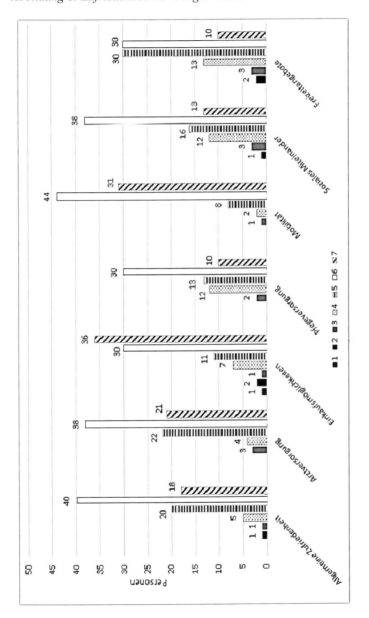

Gartennutzung

Um zu erfahren, wie viele Kaufunger*innen ihren Garten nutzen und so einen Beitrag für die regionale Lebensmittelproduktion leisten und regionale Resilienz stärken, fragten wir, ob ein Garten vorhanden ist und ob dieser für den Anbau von Gemüse und Obst genutzt wird.

Es besitzen insgesamt 80 von 88 Befragten einen eigenen Garten. Davon nutzen 45 Personen diesen für den Gemüseanbau und 56 Personen bauen des Weiteren noch verschiedene Obstsorten an. Da der Gemüseanbau in der Regel eine größere Bedeutung besitzt, wird im Folgenden stärker auf diesen Bezug genommen.

51% der Befragten in der Stichprobe nutzen ihren Garten nicht ausschließlich als Ziergarten, sondern ebenfalls als Möglichkeit eigenes Gemüse anzubauen und auch zu konsumieren. Dieser Obst- und Gemüseanbau findet im Durchschnitt auf einer Anbaufläche von ca. 46,8qm statt. Es zu berücksichtigen, dass die drei großen Abweichungen mit 300qm und 400qm aus dem arithmetischen Mittel herausgestrichen wurden. Ebenfalls konnten fünf Personen nicht berücksichtigt werden, weil diese keine Angaben zu der Größe ihres Gartens gemacht haben.

Da früher nahezu alle Gärten zur Selbstversorgung genutzt wurden, kann von einer eindeutigen Tendenz vom Nutz- zum Ziergarten gesprochen werden. Die Gründe hierfür, die wir allerdings nicht erfragt haben, sind vermutlich, dass die frühere Notwendigkeit der Selbstversorgung nicht mehr besteht, da im Supermarkt ganzjährig ein breites Angebot von Lebensmitteln zur Verfügung steht. In vielen Fällen sind die Angebote zudem nicht teurer als der eigene Anbau.

Unter Nachhaltigkeitsaspekten wäre es wünschenswert, wenn mehr Gemeindemitglieder den heimischen und regionalen Anbau von Gemüse im eigenen Garten betreiben würden. Ein Vorteil ist, dass der Anbau im eigenen Garten weitgehend kontrolliert werden kann. Das betrifft sowohl das Saatgut (bio/ konventionell), den Dünger (bio/ konventionell) oder auch die Sorte. Gerade letzteres ist in industriellen Agrarproduktionen ein Problem. Monokulturen und genveränderte Pflanzen, welche bei dieser Produktionsweise genutzt werden, haben eine negative Auswirkung auf die ökologische Nachhaltigkeit, da die Sortenvielfalt verloren geht. Der Schutz der biologischen Vielfalt ist eines der großen Ziele, welches auf dem „Erdgipfel" beschlossen worden ist.[92] Diese Konvention einzuhalten, ist somit ein Kriterium für Nachhaltigkeit.

Zweitens gibt es, wird eigenes Gemüse angebaut und konsumiert, sehr viel geringere Transportwege. Dies trägt zur Reduzierung des CO_2-Ausstoßes bei. Importe belasten die Umwelt im Vergleich zu heimischen Produkten zwei bis dreimal mehr mit CO_2.[93] Der Verbrauch von Erdölprodukten für Transport und Lagerung, aber auch der CO_2-Ausstoß kann durch den Konsum regionaler Produkte reduziert werden.

---

92 Vgl. von Weizsäcker, S. 132.
93 Vgl. Dittrich, Kathi: Hohe Umweltbelastung durch Lebensmitteltransporte. https://www.ugb.de/forschungstudien/hohe-umweltbelastung-durch-lebensmitteltransporte, Stand: 16.9.2015.

Als dritter Punkt ist zu berücksichtigen, dass mit einem Rückgang beim regionalen Nahrungsmittelanbau die Resilienz einer Gemeinde abnimmt. Als Resilienz wird in der sozial-ökologischen und Nachhaltigkeitsforschung die Widerstandsfähigkeit eines Ökosystems bezeichnet, wenn dieses starken Störprozessen unterliegt.[94]

Als viertes Argument, warum eine stärkere Gartennutzung anzustreben sei, ist der Verlust von tradiertem Wissen. Wissen ist aus zwei Gründen eine wichtige Ressource für die Wertschöpfung einer Gesellschaft. Zum einen als Erbe an zukünftige Generationen, zum anderen als Element der heutigen Wirtschaft, als Entwicklungs-, Innovations- und Wettbewerbsfaktor.[95] Gerade bezogen auf eine soziale und ökologische Nachhaltigkeit ist es wichtig, Traditionen und Wissen rund um das Thema Nahrungsmittellagerung, -anbau und -nutzung (Zubereitung/Medizinisch) weiterzugeben und zu erhalten.

Für eine nachhaltigere Lebensweise wäre es wünschenswert eine stärkere Nutzung der eigenen Gärten anzustreben. Die Bewirtschaftung eines Gartens ist zeit- und arbeitsintensiv, allerdings gibt es die Möglichkeit Selbsterntegärten anzumieten. Diese werden vom Gemüsebaukollektiv der Kommune Niederkaufungen „Rote Rübe" vorbereitet, bepflanzt und gedüngt.[96] Da nach Aussage von Herrn Christmann alle Parzellen vermietet sind, kann davon ausgegangen werden, dass das Bedürfnis nach regionalem und biologisch angebautem Gemüse vorhanden ist, dass der (Arbeits-)Alltag dieses zeit- und kraftintensive Hobby auszuführen allerdings verhindert.

Essgewohnheiten

Einen weiteren Bereich der Ökologie stellen die Essgewohnheiten der Kaufunger*innen dar. Wir wollten wissen, wie oft sie Fleisch konsumieren und wie oft frisch gekocht wird.

Unter den Befragten sind durchschnittlich wenige Vegetarier*innen. Im Durchschnitt wird in Kaufungen drei bis viermal in der Woche Fleisch gegessen. Lediglich zwei von 88 Befragten geben an, vegetarisch zu leben. Über die Altersgruppen wird relativ gleichmäßig drei- bis viermal die Woche Fleisch konsumiert. Die 25-34jährigen scheinen aus dem Ergebnis rauszufallen, allerdings ist die Datenbasis mit vier Antworten gering. Dies ist im Vergleich mit aktuellen Bewegungen ein schwaches Ergebnis.

Abbildung 7 zeigt, dass die Anzahl der Vegetarier*innen von 2009 auf 2014 um 1,46 Millionen Menschen in Deutschland angestiegen ist. Dies sind also rund 9,5% Vegetarier*innen, die in Deutschland leben. In Kaufungen sind es dagegen nur circa 2,3% laut Ergebnissen der Stichprobe.

---

[94] Vgl. Christmann et al.: Vulnerabilität und Resilienz in sozio-räumlicher Perspektive; Begriffliche Klärungen und theoretischer Rahmen, working paper 44, 2011, S. 4.
[95] Vgl. Grunwald; Kopfmüller, S. 204f.
[96] Vgl. Kommune Niederkaufungen: Gemeinschaftsgarten Rote Rübe. http://www.kommune-niederkaufungen.de/gemeinschaftsgarten-rote-rube, Stand: 25.6.2015.

Abbildung 7: Vegetarier*innen in Deutschland

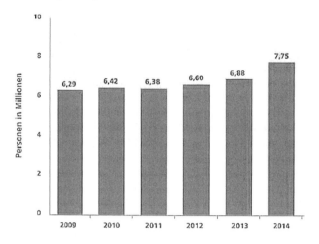

Quelle: Institut für Demoskopie Allensbach (IfD)[97]

Abbildung 8: Fleischkonsum und Kochverhalten der Bürger*innen

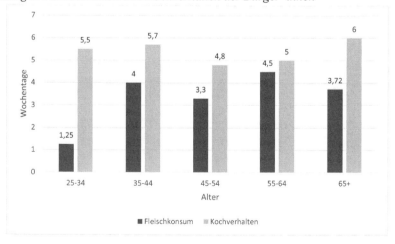

Quelle: eigene Darstellung

---

[97] Vgl.zitiert nach Vegetarierbund: https://vebu.de/veggie-fakten/entwicklung-in-zahlen/anzahl-veganer-und-vegetarier-in-deutschland/, Stand 29.6.2015

Die Befragten gaben außerdem an durchschnittlich fünfmal in der Woche „frisch" zu kochen, wobei die Befragten den Begriff „frisch" sicherlich unterschiedlich interpretiert haben. Das Kochverhalten und der Fleischkonsum bezogen auf die Altersgruppen sind in der Grafik sichtbar.

Energieversorgung
Die abschließenden zwei Fragen nehmen Bezug auf die regionalen und regenerativen Energieangebote.

Mit der ersten Frage soll herausgefunden werden, wie bekannt das Produkt „Losse-Strom" in der Gemeinde Kaufungen ist, um mit der folgenden Frage herauszufinden, ob die Befragten schon zu „Losse-Strom" gewechselt haben.

Zu Beginn soll hier kurz erklärt werden, um was es sich beim „Losse-Strom" handelt und welche Intention hinter der Frage „Haben Sie schon von „Losse-Strom" gehört?" steht.

„Losse-Strom" ist ein Produkt des Energieversorgungsunternehmens „Gemeindewerk Kaufungen". Dieses bietet den Kaufunger Bürger*innen seit Juni 2014 eine CO_2-neutrales, regionales und aus regenerativen Quellen erzeugtes Energieprodukt an, um einen Beitrag zur „Energiewende" in Deutschland zu leisten und um das selbstgesteckte Ziel, bis 2030 eine vollständige, auf erneuerbaren Energiequellen basierende Versorgung zu erreichen.[98]

Es handelt sich also um eine Dienstleistung der Gemeindeverwaltung für die Bürger*innen in Kaufungen, die garantiert, dass diese Zugang zu CO_2-neutralem, regenerativem und regional erzeugtem Strom haben.

Die Forschungsgruppe wollte daher wissen, ob dieses Angebot bei den Bürger*innen bekannt ist und ob es genutzt wird.

In unserer Befragung gaben insgesamt 72 der 88 Befragten an, schon einmal von dem Produkt „Losse-Strom" gehört zu haben. Dies sind knapp 82 Prozent der Befragten. Es zeigt sich, dass die Öffentlichkeitsarbeit des Gemeindewerkes erfolgreich war und ist. Mehr als 80% der Befragten sind so schon in Kenntnis darüber gesetzt worden, dass ein „Alternativprodukt" zu den herkömmlichen und überregionalen Anbietern und Stromprodukten vorhanden ist. Es scheint hier kein großes Defizit in der Informationsverbreitung des Produktes zu geben.

Auf die darauf folgende Frage, ob auch schon ein Wechsel stattgefunden hat, gaben dagegen nur 16 Personen an, diesen schon vollzogen zu haben.

Hier zeigt sich eine große Diskrepanz zwischen dem Wissen um ein Alternativprodukt und der Handlung zum Wechseln. Allerdings ist das kein überraschendes Ergebnis. In der Verbraucherforschung, speziell in der Verhaltensökonomik, ist dieses Phänomen unter dem Begriff "Status Quo Bias" bekannt.[99] Es besagt, dass „träge" Konsument*innen eher bei ihrer einmal getroffenen Wahl

---

[98] Vgl. Gemeindewerk Kaufungen: http://www.gemeindewerk-kaufungen.de/index.php?id=990, Stand: 25.06.2015.
[99] Vgl. Reisch, Lucia A./ Kornelia Hagen: Kann der Konsumwandel gelingen? in: Ludger Heidbrink u.a. (Hg.), Die Verantwortung des Konsumenten, Frankfurt am Main 2011, S. 221-243, hier S. 229.

bleiben, auch wenn die Alternative eher ihren Einstellungen und Erwartungen entsprechen würde. Bei Strom- und Gaswechseln ist diese Diskrepanz schon häufig untersucht und beobachtet wurden.[100]

Fazit
Die Auswertung der Ergebnisse zeigt ein insgesamt positives Ergebnis. Nicht nur die Zahl der beantworteten Fragebögen, sondern auch die Ergebnisse der einzelnen Fragen. Die Kaufunger Bevölkerung scheint sich laut der Umfrage sehr wohl in Kaufungen zu fühlen. Viele haben eine genaue Vorstellung davon, warum ihnen Kaufungen gefällt und auch davon, was verbessert werden kann.

Die Anbindung an Kassel durch die Straßenbahn und auch die vielen Grünflächen - in und um Kaufungen - sind für die Meisten ein Grund gewesen nach Kaufungen zu ziehen oder dort zu bleiben. Die meisten der Befragten haben ein positives Lebensgefühl in Kaufungen, was vor allem durch die sehr hohen Angaben bei der Frage nach der Zufriedenheit zum Vorschein kommt.

Auch die Probleme, die in Kaufungen gesehen werden, sind beschrieben worden. Hier wurden größtenteils die Autobahnanbindung und die dadurch sinkende Lebensqualität sowie das vermehrte Aufkommen von Leerstand in der Innenstadt genannt. Es lässt sich vermuten, dass die beschriebenen Sorgen nicht spontan entstanden sind. Die Bürger*innen scheinen sich viel mit ihrem Wohnort auseinanderzusetzen. Dadurch entstehen konstruktive Vorschläge zu Verbesserung der Gemeinde.

Ein Bewusstsein gegenüber nachhaltigen Prozessen scheint laut Angaben der Befragten vorhanden zu sein. Nur 50% nutzen ihren Garten, um eigenes Obst und Gemüse anzubauen, die Tendenz ist wahrscheinlich fallend. Es gibt Initiativen die dagegen Arbeiten. Es sind viele unter den Befragten, die bis zu siebenmal die Woche Fleisch essen, wohingegen es nur zwei Vegetarier*innen gibt. Ein Ergebnis, das negativ heraussticht, ist die Parteimitgliedschaft, bei der Frage nach Vereinen oder sonstigen Initiativen. Vereine spielen eine relativ große Rolle in Kaufungen, die Befragten liegen über dem Bundesdurchschnitt im Bereich Vereinsmitgliedschaften. Jedoch ist die Zahl der Parteimitgliedschaften äußerst gering. Wie beschrieben, ist hier ein gesamtgesellschaftliches Problem zu erkennen. Kaufungen hat in der Befragung gut abgeschnitten und hat ein allgemein positives Bild hinterlassen.

Auswertung der Sozialen Nachhaltigkeit
In persönlichen Gesprächen mit Personen aus dem Jahrgang 1944, die in Kaufungen leben, konnte ein positives Ergebnis ermittelt werden. Es wurden Leitfadeninterviews mit Stichproben aus einer Alterskohorte durchgeführt. Die Teilnahmebereitschaft war allerdings gering. Die Ergebnisse zeigen, dass alle befragten Personen verheiratet sind und in einem Zweipersonenhaushalt leben.

---

100 Vgl. ebd. S. 229.

Zudem befand sich unter den Befragten lediglich eine Person, die nach Kaufungen zugezogen war.

Nach der allgemeinen Zufriedenheit in Kaufungen wurde mit einer siebenstufigen bipolaren Skala gefragt, wobei 1 kaum zufrieden und 7 als sehr zufrieden skaliert wurde. Die durchschnittliche Zufriedenheit lag bei 5,6 Skalenpunkten, wobei der niedrigste Wert bei 4 lag. Daraus lässt sich konkludieren, dass die befragten Personen zufrieden mit Kaufungen sind. Alle Befragten gaben an, dass sie sich in Kaufungen gut aufgehoben fühlen. Mit der selbigen Skalierung wurden auch andere Items gemessen. Die durchschnittliche Zufriedenheit mit der Arztversorgung lag bei 5,8 Skalenpunkten, wobei der niedrigste Wert bei 5 lag und der höchste bei 7. Kritik an der Arztversorgung bestand darin, dass Fachärzte ihre Praxis in Kaufungen aufgegeben haben und nach Kassel gegangen sind. So fehle beispielsweise ein Kinderarzt. Die durchschnittliche Zufriedenheit mit den Einkaufsmöglichkeiten lag bei 5,8 Skalenpunkten. Der niedrigste Wert lag bei 4, der höchste bei 7. Bemängelt wurde die Größe des Wochenmarktes, der nur aus drei Ständen bestehe. Des Weiteren, dass es im Oberdorf wenig Einkaufsmöglichkeiten gebe bzw. das Edeka zu weit entfernt sei für ältere Menschen. Die Zufriedenheit mit dem Freizeitangebot lag bei 6,2 Skalenpunkten, wobei der niedrigste Wert bei 5 lag und der höchste bei 7. Diese sehr positive Bewertung ergibt sich aus der hohen Vielfalt der Kaufunger Vereine sowie den kulturellen Angeboten. Die Pflegeversorgung wurde mit einer durchschnittlichen Zufriedenheit von 6 Skalenpunkten bewertet. Nicht alle Befragten hatten Erfahrungen in diesem Bereich. Bemängelt wurde ein Altenheim, in dem es nur sehr wenig Zeit für die Bewohner*innen gebe.

Resümieren lässt sich, dass die Bewertung der verschiedenen Items sehr positiv ausgefallen ist und lediglich ein paar negative Aspekte hervortreten. Die meisten Befragten haben kaum Kritikpunkte geäußert.

In einem weiteren Abschnitt wurde nach Problemen in Kaufungen gefragt. Zunächst äußerten die meisten Befragten eine große Zufriedenheit. Erst im Gesprächsverlauf fielen ihnen Kritikpunkte ein. Zum Beispiel fehle ein Schwimmbad in Kaufungen. Das nächste sei in Sandershausen, was zu weit entfernt sei. Auch die vielen leerstehenden Geschäfte in der Leipziger Straße seien ein Störfaktor. Hinzukommend lasse die Gastronomie zu wünschen übrig, da es viele Fast-Food-Imbisse gebe, aber kaum Kneipen oder richtige Restaurants. In Niederkaufungen gebe es des Weiteren keine Räumlichkeiten für Festivitäten.

Ein weiterer Kritikpunkt betrifft den Wegfall der B7, weil der Verkehr durch Kaufungen geleitet wird, wodurch eine Belastung durch Lärm und Abgas entstehen könne.

Auch die Vorgehensweise der Politik wurde bemängelt. Diese gehe träge vor und zeige kaum Entscheidungsfähigkeit.

Bürgermeister Arnim Roß lobte das politische Engagement, denn durch dieses sei eine Nachbarschaftshilfe zu Stande gekommen, die aus dem Zusammenschluss verschiedener Organisationen besteht. Unter anderem der evangelischen und der katholischen Kirchengemeinde, dem Sozialverein VdK und dem

AWO-Ortsverein. Es werde vereinsübergreifend gearbeitet, um Menschen in besonderen Lebenslagen, vor allem den älteren Menschen, Hilfe anzubieten, welche sie nicht durch eine Pflegeversicherung bekommen können. Darunter fallen beispielsweise auch das Begleiten bei Spaziergängen oder das Vorlesen einer Zeitung.

Eine weitere Rubrik, die befragt wurde, stellt das soziale Miteinander in der Gemeinde dar. Gefragt wurde danach, ob man einen Beitrag zur Gemeinde leiste. Die Ergebnisse fielen sehr positiv aus. Knapp 40% der Befragten waren in Vereinen wie dem Geschichtsverein und dem Wanderverein, in denen alle sozialen Schichten vertreten seien. Die Treffen finden einmal wöchentlich statt. „Hilfe wird dort sehr groß geschrieben."[101] Alten oder Kranken, die nicht mehr alle Aufgaben wie die Gartenpflege bewältigen können, werde geholfen. Auch im Sportverein wurde ein sozialer Zusammenhalt geäußert. Ebenso die ehrenamtliche Mitarbeit auf der Stiftsweihnacht gehört zum Gemeindebeitrag für einige dazu.

Auch in dem Gespräch mit dem Bürgermeister Arnim Roß zeigte sich, dass Kaufungen viele engagierte Bürger*innen hat. Dies sei beispielsweise bei der Planung der 1000 Jahr-Feier positiv aufgefallen. Auch das ist für den Bürgermeister Nachhaltigkeit; die Identifikation mit der eigenen Gemeinde. Denn die 1000-Jahr-Feier hätte ohne die ehrenamtliche Mitarbeit und Organisation nicht in diesem Rahmen stattfinden können.

In einer weiteren Rubrik wurde danach gefragt, welche Veränderungen man sich in der Gemeinde wünsche. Zunächst wurde auch hier meistens geantwortet, dass alles sehr gut sei. Aber es fielen doch einige Wünsche an. Das schöne Landschaftsbild solle nicht durch die Windräder zerstört werden. Des Weiteren seien die Wege um den Steinertsee eher schlecht. Diese sollten mit Schotter befestigt werden, so dass man auch nach Regen einen Spaziergang unternehmen könne. Ein weiterer Wunsch ist ein schnelleres Internet.

In der letzten Frage nach sonstigen Anregungen kamen auch sehr positive Aspekte zum Vorschein, beispielsweise die günstige Lage und die Anbindung zur Stadt Kassel. Auch die „Kommune Niederkaufungen" wird als sehr positiv empfunden, da diese leere Fachwerkhäuser aufkauft und renoviert. Außerdem habe Kaufungen im Vergleich zu den anderen Gemeinden nicht so viele leerstehende Gebäude.

Es lässt sich konstatieren, dass die Befragung zur sozialen Nachhaltigkeit in Kaufungen sehr positiv ausgefallen ist. Insgesamt äußerten die Befragten eine große Zufriedenheit. Dies ist auch an der Tatsache zu erkennen, dass sich alle Befragten gut in Kaufungen aufgehoben fühlen. Auch die einzelnen Items (Arztversorgung, Einkaufsmöglichkeiten, Freizeitangebot und Pflegeversorgung) ergaben ein positives Ergebnis. Lediglich Kleinigkeiten wurden kritisiert. Es muss zudem beachtet werden, dass jede*r Bewohner*in seine eigenen Probleme hat und somit die Kritikpunkte nicht so stark ins Gewicht fallen, da sie nicht dem Großteil Kaufungens als Problem erscheinen.

---

101 Zitat aus einem Interview.

Auswertung Lebensmittelproduktion und regionale Kreisläufe

Kaufungen hat prinzipiell gute Voraussetzungen für den landwirtschaftlichen Betrieb. Große freie Flächen für den Ackerbau und die geringe Entfernung zu Kassel für den regionalen Vertrieb der Waren sind nennenswerte Aspekte, die der Landwirtschaft zugute kommen können. Um einen Einblick in einen Teil der Lebensmittelproduktion in Kaufungen zu bekommen, wurden zwei Interviews geführt, deren Konzeption in Kapitel „Forschungsdesign" zu finden ist.

Herr Diederich berichtet, dass es in Kaufungen hauptsächlich Höfe gibt, die nebenerwerblich betrieben werden. Alleine in Niederkaufungen seien es neun Nebenerwerbsbetriebe und nur drei Vollerwerbsbetriebe in ganz Kaufungen. Hier zeigt sich eine Tendenz zum Nebenerwerb. Auch der Hof von Herrn Diederich läuft seit 2008 als Nebenerwerb, da es absehbar gewesen sei, den Hof im Vollerwerb nicht halten zu können. Bei dem Betrieb von Herrn Diederich handelt es sich um einen Gemischtbetrieb. Hier werden also Ackerbau und Viehzucht betrieben, wobei die Viehzucht mit je 5 Kühen und Schweinen sowie 150 Hennen und 3 Hähnen relativ klein ausfällt. Fast alle Höfe in Kaufungen sind Familienbetriebe. Bloß ein Betrieb in Kaufungen vergibt Ausbildungs- oder Praktikumsstellen und beschäftigt damit auch Außerfamiliäre. Auch Saisonarbeit sei kaum vorhanden. Die einzigen Saisonarbeitsplätze seien auf den in Kaufungen angemieteten Erdbeerplantagen vom Landwirt Klemme aus Kassel-Calden zu finden.

Die meisten der Kaufunger Betriebe seien reine Ackerbaubetriebe. Für die Höfe sei es sehr schwierig geworden, mit der Viehzucht über die Runden zu kommen, bzw. sie überhaupt zu betreiben. Grund dafür seien gesetzliche Auflagen, die es erschweren Subventionen zu erhalten. Die meisten Betriebe seien meist zu klein, um finanzielle Unterstützung zu erhalten, und ohne die Subventionen sei es meist zu viel Arbeit für zu wenig Geld. Finanzielle Hilfen für Kuhställe beispielsweise, würden erst ab 350 Kühen genehmigt. In Kaufungen seien es lediglich die „Kommune Niederkaufungen", die einige Kühe für Milch- und Käseherstellung halten und einen größeren Hof in Oberkaufungen mit ca. 100 Kühen, die Milch für die „Schwälbchen" Molkerei in einem Nachbarort produzieren. Die anderen Höfe seien wesentlich kleiner. Die meisten halten wenige Tiere, um den Eigenbedarf an Lebensmitteln zu decken oder um nebenbei einen kleinen Hofverkauf zu betreiben. Auch Herr Diederich verkauft einige Produkte wie Kartoffeln, Eier und Milch auf dem Hof oder per Auslieferung. Eine Aussicht auf Hofnachfolge gibt es bei ihm noch nicht. Die potenziellen Hoferben sind bereits im Studium und haben eine andere Richtung als die Landwirtschaft eingeschlagen. Den meisten Landwirt*innen in Kaufungen ginge es ähnlich und Herr Diederich beschreibt die Lage als „extrem". Viele sind unverheiratet und kinderlos und wenn es doch Kinder gibt, entscheiden diese sich oft dagegen, den Betrieb weiter zu führen. Die Frage, ob hier schlicht das Interesse fehle, wurde verneint. Vor allem für Jugendliche und junge Landwirt*innen mit kleinen Betrieben erschweren es die oben genannten Auflagen, Tierzucht zu betreiben. Die Kosten von Stallbau und Tierhaltung alleine zu tragen, ist für die meisten nicht möglich. Auch der örtliche Fleischereibetrieb Wiegand habe viel Geld in Umbauten nach EU-Richtlinien stecken müssen, um den Betrieb erhalten zu können. Ackerbau alleine funktioniere meist nur im Nebenerwerb, weshalb es unter anderem schwierig sei, eine Hofnachfolge zu finden.

Das Bundesministerium für Ernährung und Landwirtschaft (BMEL) gibt an, im Jahr 2015 3,6 Milliarden Euro[102] in Agrarsozialpolitik investiert zu haben, und schreibt:

> *Die Agrarsozialpolitik trägt als zielorientierte, gestaltende Politik zugunsten der aktiven Landwirte und ihrer Familien dazu bei, die Voraussetzungen für die Entfaltung einer leistungs- und wettbewerbsfähigen Landwirtschaft zu schaffen.* [103]

Aus der Vergabeliste der Agrarsubventionen im Jahr 2014 [104] und aus dem obigen Zitat wird deutlich, dass kleine Betriebe deutlich vernachlässigt werden. Es geht zwar ein großer Teil der Zuschüsse an Länder und Kommunen, jedoch scheint die Vergabe der Gelder nach Leistungs- und Wettbewerbsfähigkeit gerichtet zu sein. In Kaufungen, so komme es an, seien die Unterstützung und die Landwirtschaft selbst nicht mehr erwünscht. Finanzielle Subventionen, die es attraktiv machen einen Hof weiterzuführen, sowie kommunale Aufgaben im landwirtschaftlichen Bereich, wie das Instandhalten von Feldwegen seien stark vernachlässigt worden.

Kaufungens Bürgermeister Arnim Roß berichtet im Interview, dass es keine Förderprogramme für (ökologische-) Landwirtschaft gibt. Die Landwirtschaft würde jedoch durch Absprachen bei der Verpachtung von Feldern unterstützt werden. Allerdings werde bei der Verpachtung nicht darauf geachtet, ob der landwirtschaftliche Betrieb, der eine Fläche pachten will, eine nachhaltige Hofführung hat oder nicht. Diese Aussagen decken sich mit denen von Herrn Diederich, der sich von Seiten der Politik Förderung für kleine Betriebe wünscht, damit es sich auch in Zukunft rentiert einen Hof zu übernehmen.

In Anbetracht der ökologischen Nachhaltigkeit scheint Kaufungens Landwirtschaft verbesserungswürdig zu sein. Es gibt zwar positiv zu bewertende Betriebe, jedoch scheint ein aktives Bewusstsein für die nachhaltige Landwirtschaft zu fehlen. Die „Kommune Niederkaufungen" sticht aus dem Kreis der landwirtschaftlichen Betriebe heraus. Unter ihrer Federführung haben sich die Kaufunger Landwirt*innen zusammengeschlossen und ihre Gemeinde zur „Genfreien Zone" erklärt, also zu einem Gebiet in dem auf genmanipuliertes Saatgut und Futter verzichtet wird. Es werde hauptsächlich eigenes Saatgut verwendet, aber auch immer etwas Frisches aus dem Handel dazu gekauft. Dieses kommt hauptsächlich aus Witzenhausen, kann aber auch aus Polen oder Frankreich stammen. Herr Diederich berichtet, dass es besonders wichtig sei, den Ackerboden nachhaltig zu bepflanzen. Er nutzt seine Felder für Wintergerste, Winterraps, Winterweizen, Sommerhafer und Kartoffeln dementsprechend mit Fruchtfolgen nach der Vier-Felder-Wirtschaft. Es sei auch im Interesse aller Landwirt*innen den Boden gesund zu halten, denn „der Boden ist unser Kapital."

---

102 http://www.euractiv.de/sites/default/files/liste_agrarsubventionen_2014.pdf, Stand: 20.07.2015.
103 http://www.bmel.de/DE/Landwirtschaft/FoerderungAgrarsozialpolitik/Agrarsozialpolitik/sozialpolitik_node.html, Stand: 20.07.2015.
104 http://www.euractiv.de/sites/default/files/liste_agrarsubventionen_2014.pdf, Stand: 20.07.2015.

Es scheint jedoch, als wäre das in Kaufungen nicht der Regelfall. Viele würden fast ausschließlich Mais für eine Biogasanlage in einem benachbarten Dorf produzieren und damit die nachhaltige „Vier-Felder-Wirtschaft" vernachlässigen. Für die Biogasanlage seien vor Ort nicht genügend Felder vorhanden, weshalb der Maisanbau auf die umliegenden Gemeinden wie Kaufungen, erweitert wird. Die Landwirt*innen bekommen, so Diederich, „enorme Summen" dafür, dass sie ihre Felder für den Maisanbau zur Verfügung stellen und viele, vor allem die Älteren, seien froh darüber, dass sie ein Feld weniger haben, um das sie sich sorgen müssen. Das Biogasunternehmen bewirtschaftet in diesen Fällen die Felder, kümmert sich also um Düngung und Ernte. An dieser Stelle ist von einer „Vermaisung" der Landwirtschaft zu sprechen. Diese „Vermaisung", von der 2007 zum ersten Mal die Rede war, meint den starken Anstieg der globalen Maisproduktion, der unter anderem mit der Nutzung von Mais für Biogasanlagen in Verbindung gebracht werden kann. In der Kritik steht der steigende Anbau von Energiemais, da zum einen Flächenanteile der Nahrungsmittel- und Tierfutterproduktion verloren gehen und zum anderen keine nachhaltige Fruchtfolge wie z.B. die „Vier-Felder-Wirtschaft" stattfindet und die Bodenqualität damit fortwährend abnimmt.[105] Gerade, wenn es um die Düngung geht, scheint es in Kaufungen eher konventionell zuzugehen. Herr Diederich sagte, dass seine Pflanzen beim Wachstum sowohl natürlich als auch chemisch unterstützt werden. Hier werden zwar Gülle und Mist vom eigenen Hof genutzt, es kommen jedoch auch Pflanzenschutzmittel wie Fungi-, Herbi-, und Insektizide zum Einsatz. Über Kaufungen berichtete er, dass alle versuchen das Beste aus ihren Böden heraus zu bekommen. Es sei schwierig auf chemische Produkte zu verzichten, da es eine kostenaufwändige Umstellung mit sich ziehen würde. Die Betriebe können in der Umstellungsphase nichts verkaufen, da die Produkte noch nicht anerkannt werden können.

Auch regionale Kreisläufe sind in Kaufungen eher weniger vorhanden. Bloß ca. 10 % der landwirtschaftlichen Erträge, also Fleisch und Pflanzen, gingen nach Kaufungen bzw. nach Nordhessen. Die restlichen 90 Prozent seien für den überregionalen Großhandel bestimmt. Im Interview mit Gerhard Reichel wurde dies bestätigt. Im Verlauf der vergangenen Jahrzehnte habe sich der Vertrieb von landwirtschaftlichen Waren immer mehr auf einen überregionalen Verkauf konzentriert. Vor allem in der Zeit der sechziger und siebziger Jahre, seien hauptsächlich Betriebe mittlerer Größe vorhanden gewesen, die einen starken regionalen Kreislauf pflegten. Nach dem Motto „wachsen oder weichen" kam das Höfesterben auch nach Kaufungen, wodurch viele Höfe verschwanden und die meisten Betriebe nebenerwerblich aufgestellt werden mussten. Dazu ist jedoch zu bemerken, dass dies ein gesamtgesellschaftliches Problem ist.[106]

Steffi Welke von der Kommune Niederkaufungen, deren Interview im nachfolgenden Kapitel näher ausgewertet wird, bestätigt dieses Bild. Neben der

---

[105] http://buel.bmel.de/index.php/buel/article/view/22/linhart-html, Stand: 20.07.2015.
[106] http://www.hofgruender.de/abgebende/ausserfamiliaere-hofnachfolge/ungeklaerte-hofnachfolge.html, Stand: 20.07.2015.

Kommune gebe es keine weiteren Bio-Höfe in Kaufungen und auch das Interesse scheine zu fehlen. So war z.b. bei einer Informationsveranstaltung in der Kommune Niederkaufungen über Solidarische Landwirtschaft, zu der öffentlich eingeladen worden ist, kein Kaufunger Landwirt anwesend gewesen. Die Gruppe der Landwirte sei „eingeschworen", so komme es in der Kaufunger Gemeinde an. Laut Werner Diederich sei es jedoch die Bevölkerung, die eine Abneigung gegen diese Berufsgruppe habe. Lärm und Gestank seien das einzige, was aus der Landwirtschaft bei der Öffentlichkeit ankomme, und das mache sie unerwünscht. Hier zeigt sich ein klares Kommunikationsproblem, denn es scheint, als habe bisher nicht viel Austausch unter der Bevölkerung und den Landwirten stattgefunden.

Festzuhalten ist, dass Kaufungen Stärken und Schwächen im Bereich der Lebensmittelproduktion hat. Die lebensgemeinschaftlichen Kommunen „Niederkaufungen" und „Lossehof" stechen dabei mit Projekten der solidarischen Landwirtschaft oder der „ Roten Rübe" sowie mit der Initiation der „Genfreien Zone" besonders heraus.

Negativ auffallende Aspekte scheinen größtenteils gesamtgesellschaftlich herzuleiten zu sein, denn Probleme wie das „Höfesterben", fehlende Nachfolge oder Finanzmittel sind in ganz Deutschland vorzufinden. Besonders kleine Höfe mussten im Verlauf der letzten Jahrzehnte schließen und das nicht nur in Kaufungen.

Auswertung Energie

Erneuerbare Energien in Kaufungen – Nachhaltige Energieerzeugung in der Gemeinde
„Nachhaltigkeit" wird auch im Kontext erneuerbarer Energien und deren Erzeugung in Kaufungen angestrebt. Die Energieversorgung der Menschheit ist eines der Probleme des 21. Jahrhunderts, da die produzierende Industrie, unser Lebensstil und -standard, aber auch die Verkehrsinfrastruktur zu einem Großteil von fossilen Energieträgern abhängig sind.[107]

Um einen Beitrag zur Energiewende in Deutschland zu leisten, aber auch um sich in Zukunft weniger abhängig vom globalen Energiemarkt zu machen, hat sich die Gemeinde Kaufungen zum Ziel gesetzt, bis 2030 ihren kompletten Strombedarf durch erneuerbare und CO_2-neutrale Energieträger zu decken.

Am 23.10.2010 wurde dafür ein Antrag von „Bündnis 90/ Die Grünen" im Parlament eingereicht. Dieser wurde am 03.02.2011 von der Gemeindeverwaltung angenommen und beschlossen. In dem Beschluss heißt es: „Die Gemeindevertretung unterstützt sämtliche Bemühungen zur Energiewende und zum Klimaschutz und setzt sich das Ziel, bis spätestens zum Jahr 2030 eine vollständige Versorgung der Gemeinde mit erneuerbaren Energien zu erreichen".[108]

---
107 Vgl. Landeszentrale für politische Bildung Banden-Würtemberg: Energie und Nachhaltigkeit; Probleme - Zielkonflikte - Lösungsansätze, In: Politik & Unterricht 34. 2008 (4), S. 3.
108 Vgl. Antworten auf Leitfaden für Interview mit Herr Christmann im Anhang und Interview mit Herr Christmann.

Bürgermeister Arnim Roß wies in einem Interview darauf hin, dass es dabei um die Stromversorgung, nicht um die komplette Energieversorgung Kaufungens gehe.[109] Laut dem "Klimaschutzkonzept" wird das Ziel mit einem Windpark in Kaufungen, „wie er im Stiftswald in der Diskussion ist", erreicht. Weniger realistisch ist das Ziel, „will man den kompletten Energieverbrauch darauf [regenerative Energie] umstellen", auch wenn „man ambitioniert vorgeht", so Roß. Das Jahr 2030 wurde laut Aussage Herr Christmanns aus dem „übergeordneten politischen Raum" vorgegeben. Die „oberen" politischen Ziele sind dann nach „unten runter gebrochen" worden.

Trotz dieser Einschränkung fand -und findet- der Beschluss großen Zuspruch bei den Bürger*innen der Gemeinde Kaufungen. Nach Aussagen von Bürgermeister Roß, Herr Christmann und dem Vorstand der Energiegenossenschaft Willi Nitsche, ist der Prozess, die Energiewende einzuleiten und zu erreichen, sowohl ein „Top-Down" als auch ein „Bottom-Up"- Prozess. Das bedeutet, dass die Bestrebungen die Energiewende umzusetzen, sowohl von den Bürger*innen als auch von der Gemeindeverwaltung aktiv begleitet und vorangetrieben werden. Von politischer Seite aus hat die Gemeindevertretung Prozesse angestoßen, um das o.g. Ziel zu erreichen. Zu diesen gehören die Gründung eines Energieausschusses im Parlament, die Erstellung eines Klimaschutzkonzeptes und die Gründung eines Gemeindewerkes in Kooperation mit den "Städtischen Werken Kassel".

Diese Prozesse werden durch die kontinuierliche Kommunikation und Kooperation mit regionalen Initiativen und Gruppen begleitet, welche sich für die Energiewende und den Umweltschutz einsetzten. Dazu gehören z.B. die "Energiegenossenschaft Kaufunger Wald e.G.", „Kaufungen gestaltet Zukunft", der "Naturschutzbund" (NABU) und die Initiative „Blühendes Kaufungen". Durch diese und andere Initiativen werden Bemühungen der Gemeindevertretung unterstützt und flankiert. In einigen Fällen sind die Prozesse auch erst durch die Initiativen angestoßen bzw. stark vorangetrieben worden.[110] Das bedeutet, dass vor allem dem Engagement der Bürger*innen eine große Bedeutung in diesen Prozessen zukommt.

Im Folgenden werden die energiepolitischen Maßnahmen der Gemeindeverwaltung und zwei Initiativen aus Kaufungen näher dargestellt.

Energiepolitische Maßnahmen
Wie oben erwähnt, möchte die Gemeinde Kaufungen bis zum Jahre 2030 ihren Stromverbrauch komplett aus regenerativen und CO_2-neutralen Energieträgern decken. Dazu hat die Gemeindeverwaltung in den letzten Jahren Maßnahmen auf den Weg gebracht, um dieses Ziel zu erreichen. Zum einen wurde ein Klimaschutzkonzept erstellt, zum anderen ist ein Gemeindewerk gegründet worden. Bevor diese beiden Maßnahmen näher erläutert werden, folgen einige Daten zur Energiebilanz in Kaufungen.

---

109 Dies würde auch den Energieverbrauch von Heizung, Verkehr und anderen Bereichen betreffen.
110 Vgl. Interview Herr Christmann.

Die Gemeinde Kaufungen hat im Moment 394 Anlagen[111], welche Strom aus regenerativen Energien erzeugen. Insgesamt wurden so im Jahr 2013 6.143.238 kWh Strom aus erneuerbaren Energien erzeugt. Die Tendenz ist dabei steigend.[112] Zum Vergleich: Die Haushalte in Kaufungen verbrauchten im Jahr 2011 eine Strommenge von 17.800.000 kWh. Positiv ist der Rückgang des Stromverbrauches im Zeitraum zwischen 2006 und 2011 um 16%, wobei die Anzahl der Wohnungen um ca. 1% stieg. Der Energieverbrauch aus dem Jahr 2011 lag bei 1.420 kWh pro Person, der Anteil der privaten Haushalte am Gesamtstromverbrauch lag bei 42%.[113]

Das Klimaschutzkonzept
Das Klimaschutzkonzept für die Gemeinde Kaufungen soll zeigen, mit welchem Aufwand die Ziele der Gemeinde erreicht werden und Strategien aufzeigen, wie die Emissionen minimiert werden können.[114] In einer konstituierenden Sitzung des Ausschusses „Energie" am 19.05.2011 wurde das Energiekonzept besprochen. Am 15.08.2011 beschloss der Gemeindevorstand den Auftrag für die Erstellung einer Klimaschutzkonzeptes an Herrn Dipl. Ing. Peter Dangelmeyer zu vergeben.[115] Das Klimaschutzkonzept ist durch die „Richtlinie zur Förderung von Klimaschutzprojekten in sozialen, kulturellen und öffentlichen Einrichtungen im Rahmen der Klimaschutzinitiative" vom 23.11.2011, mit 65% Zuschuss vom Bund gefördert worden. Die Laufzeit zur Erstellung des Klimaschutzkonzeptes war von Juli 2012 bis Juli 2013 angesetzt.

Bis dahin hatte die Gemeinde schon einige Klimaschutzmaßnahmen durchgeführt, welche in das Klimaschutzkonzept integriert wurden. Dazu gehört ein Förderprogramm der Gemeinde für ein kostenloses Gemeindedarlehen, in dem die Förderung von Photovoltaik-Anlagen und Heizungen integriert ist. Das bedeutet, die Gemeindeverwaltung förderte - und fördert noch immer - die Installation von Photovoltaik-Anlagen und die Umrüstung auf modernere umweltfreundlichere Heizungen. Nach Aussage Christmanns kann jeder Haushalt einen Antrag auf ein zinsloses Darlehen stellen, wobei eine Bearbeitungsgebühr anfällt.

Darüber hinaus werden Dachflächen der Gemeindeverwaltung und den Wohnanlagen an die Firma „Solartechnik Stiens GmbH & Co. KG" verpachtet, auf denen Photovoltaik-Anlagen aufgebaut wurden. Außerdem haben die „EGK" und ein „Bürgerzusammenschluss" von drei Parteien ebenfalls je eine Anlage auf den Dächern der Gemeindeverwaltung aufgestellt. Die Gemeinde hat zwei Photovoltaik-Anlagen auf den Kindergärten „Kunterbunt" und „Pusteblume" installiert. Diese speisen, nach Aussage von Herrn Christmann, aufgrund der Einspeisevergütung zu 100% ins Stromnetz ein.

---

111 „Energiebilanzierung zur Erstellung einer CO_2-Bilanz" Stand: 01.07.2014.
112 Im Jahr 2011 waren es noch 308 Anlagen mit einer Erzeugung von 4.269.517 kWh.
113 Vgl. Dangelmeyer, Peter: Kaufungen aktiv fürs Klima. Ein integriertes Klimaschutzkonzept für die Gemeinde Kaufungen, Kaufungen 2013, S. 18.
114 Vgl. ebd., S. 9.
115 Vgl. Interview Herr Christmann.

Parallel zu der Erstellung des „Klimaschutzkonzeptes" sind zwischen 2011 und 2013 370 Quecksilberdampflampen der Straßenbeleuchtung durch LED-Leuchten ersetzt worden. Diese Maßnahme wurde in das Klimaschutzkonzept integriert und wird weiter vorangetrieben, allerdings mit Haushaltsmitteln. Ziel ist es, Strom zu sparen und die alten Leuchtmittel, welche mittlerweile nicht mehr zugelassen sind, auszuwechseln. Nach Aussage Christmanns ist ein Nebeneffekt, dass die Ausleuchtung der Straße besser ist und so „eine hohe Bürgerzufriedenheit in diesem Bereich da ist".

Außerdem fördert die Gemeinde aus einem Sondervermögen die Energetische Gebäudesanierung. Das Klimaschutzkonzept sieht das größte Potential zu CO_2-Reduzierungn in dieser Maßnahme.[116] Dafür benötigt es aber konzentrierte Aktionen und die Einbindung z.B. des Handwerkes, um die Bevölkerung über die Möglichkeiten zu informieren.

Die Erstellung des Klimaschutzkonzepts wurde durch Veranstaltung am 07.09.2012 eingeleitet. Im Rahmen dieser Veranstaltung wurden über fünf unterschiedliche Themen in kleineren Gruppen diskutiert. Aus diesen Diskussionsgruppen entstanden die fünf Arbeitskreise, welche den Prozess der Erstellung des Klimaschutzkonzeptes begleiteten und mitgestalteten. Zu diesen gehörten die Arbeitsgruppen „Gutes Leben nach der Erdöl-Ära", „Energieeinsparung im Haushalt", „Regenerative Energien", „Verkehr" und „Energetische Gebäudesanierung". Ein zusätzlicher Arbeitskreis „Wirtschaft" wurde angeregt und relevante Wirtschaftsbetriebe wurden am 13.12.2012 eingeladen.

Die erste Klimaschutzwerkstatt fand am 24.01.2013 statt. Hierzu wurden die einzelnen Arbeitsgruppen und die Bevölkerung über den Gemeindeverteiler eingeladen. Die Arbeitskreise stellten hier ihre bisherigen Ergebnisse vor. Herrn Nitsche zufolge, war die Arbeit in den einzelnen Arbeitsgruppen sehr intensiv und es wurde sich häufig getroffen, um die Projekte und Pläne weiter auszuarbeiten. In einer zweiten Klimaschutzwerkstatt haben die einzelnen Arbeitsgruppen ihre Zukunftsszenarien für das Jahr 2030 besprochen und beschrieben.

In den Arbeitsgruppen waren viele aktive Akteure aus den verschiedensten Initiativen und Gruppen, welche in Kaufungen aktiv sind, so Herr Christmann vom Bauamt. Dazu gehörten z.B. „Blühendes Kaufungen", „Kaufungen gestaltet Zukunft" und die „Energiegenossenschaft Kaufunger Wald". Die Arbeitsgruppen konnten relativ autonom arbeiten und es gab „eigene AG-Sitzungen, eigene Protokolle, das musste aufwändig zusammengeführt werden".[117] Die Ideen der Arbeitsgruppen wurden anschließend in das Klimaschutzkonzept integriert. Dadurch finden sich auch Ideen und Impulse aus der Bevölkerung in dem Klimaschutzkonzept wieder. Auch Herr Christmann bestätigte, dass jede*r sich innerhalb der Arbeitsgruppen einbringen konnte, wobei die Zusammenarbeit sehr konstruktiv war und „keine großen Meinungsverschiedenheiten" auftraten. Die Ziele und Ergebnisse der Arbeitsgruppen wurden auch beibehalten, am Schluss

---

116 Vgl. Dangelmeyer S. 51.
117 Interview Herr Nitsche.

jedoch mit unterschiedlichen Prioritäten ausgestattet. Dennoch, „jeder hat sich wiedergefunden im Klimaschutzkonzept", so Christmann. Das Ergebnis war das Klimaschutzkonzept, dessen vollständiger Titel „Kaufungen – Aktiv fürs Klima. Ein integriertes Klimaschutzkonzept für die Gemeinde Kaufungen" ist. Das Klimaschutzkonzept ist abschließend in einer öffentlichen "Klimawerkstaat" vorgestellt worden. Des Weiteren hat die Gemeindeverwaltung symbolisch einen Klimaschutzbaum aufgestellt.

In dem Klimaschutzkonzept ist neben der Bestandsanalyse und der Bilanzierungsmethodik die Potentialanalyse der einzelnen Maßnahmen aufgelistet. Ebenfalls werden Finanzierungsmöglichkeiten und die Maßnahmen zur Umsetzung erläutert. Abgeschlossen wird dieses mit einem umfangreichen Maßnahmenkatalog, welcher acht Bereiche umfasst, darunter z.B. „Wirtschaft", „Mobilität" und „Privathaushalte".

Im Rahmen des Klimaschutzkonzeptes wurden drei mögliche Szenarien ausgearbeitet, um die weitere Entwicklung des Energieverbrauchs und damit einhergehende CO_2-Emissionen abzuschätzen.[118]

Das erste Szenario „weiter so" geht von einer Verringerung der CO_2-Emissionen um 13% bis 2030 aus, wenn keine lokalen Anstrengungen unternommen werden. Bürgermeister Roß sagte dazu, dass das keiner will.

Das zweite Szenario „konzentrierte Anstrengung" rechnet im selben Zeitraum mit einer Verringerung der CO_2-Emissionen um 62%. Die wirkungsvollste Maßnahme ist der Ausbau von Windenergieanlagen. Des Weiteren ist die Einstellung eines Klimaschutzmanagers notwendig. Die Ziele sind nur zu erreichen, wenn alle Akteure mitwirken.

Das dritte Szenario geht von einer Verringerung der CO_2-Emissionen von 90% aus, wenn alle im Klimaschutzkonzept vorgeschlagenen Maßnahmen umgesetzt werden. Bürgermeister Roß verwies auf die Problematik des Finanzhaushaltes. Das dritte Konzept sei sehr ambitioniert, der Gemeindehaushalt lässt solche Ausgaben jedoch nicht zu, damit liegt der Fokus auf dem zweiten Konzept.[119]

Weiterhin sind im Klimaschutzkonzept 4000€ für Energetische Maßnahmen, „Umsetzbare Klimaschutzmaßnahmen", von der Gemeindeverwaltung bereitgestellt worden. Diese wurden am 28.04.2015 in der 25. Sitzung des „Ausschusses Energie und der Lenkungsgruppe Klimaschutzkonzept Kaufungen" der Gemeinde Kaufungen an verschiedene Maßnahmen verteilt. Dabei gab es 40 Punkte zu verteilen, ein Punkt entsprach 100€. Der Schwerpunkt lag in der Öffentlichkeitsarbeit, dieser wurden 15 Punkte zugesprochen. „Weil man mit 4000€ nicht unbedingt viel bewegen kann.", so Christmann. 2 Punkte wurden eingesetzt für „Effiziente Beleuchtung kommunaler Gebäude", 5 Punkte je für „Effizientes Fahren" und „Tag der Gärten", 9 Punkte für Klimaschutzbaum und 4 Punkte für „Anlage Blühflächen".

---

[118] Eine detaillierte Beschreibung der Szenarien sind im Klimaschutzkonzept S. 58-71.
[119] Vgl. Interview Herr Roß.

Die wichtigste Maßnahme, die Einstellung eines Klimamanagers, ist nicht erfolgt. Dieser wird zwar mit 65% der Kosten gefördert, für eine halbe Stelle fallen trotzdem Unkosten von 10000€ im Jahr an. Diese Summe sei durch andere Einsparung zu kompensieren, so Christmann. Ein fehlender Klimaschutzmanager wurde auch von Herrn Nitsche bemängelt. Dieser kritisierte des Weiteren die Operationalisierbarkeit der einzelnen Maßnahmen im Klimaschutzkonzept, die nicht beschrieben worden sind. Das bedeutet, es ist nicht konkretisiert worden, wie bestimmte Maßnahmen durchzuführen sind. „Das Konzept scheint nicht bis zum Ende durchgeplant zu sein", so Nitsche.

Dass „nur" 4000€ aus den Haushaltsmitteln bereitgestellt werden können, ist auch der Gemeindeverwaltung zu wenig und dieses Defizit ist sowohl dem Bürgermeister Roß als auch Herrn Christmann bekannt. Dennoch „das ist das einzige, was wir uns zur Zeit leisten können"[120]. Das wirkte sich auch auf die Ideenfindung und Maßnahmen aus. Herr Nitsche erläuterte, dass es von vornherein die Vorgabe gab, eine Idee zu fokussieren, die möglichst kostengünstig bzw. kostenneutral ist. Wie Herr Roß und Herr Christmann wies auch Herr Nitsche darauf hin, dass „die entscheidende Ressource Geld ist nicht vorhanden."

Obschon das Aufbringen finanzieller Mittel in den Kommunen ein Problem sei, gebe es trotzdem Maßnahmen, welche durchführbar sind und wenig bzw. gar kein Geld kosten. Frau Welke kritisierte, dass auch solche nicht durchgeführt wurden. Als Beispiel nannte sie die nicht erfolgte Umstellung, Kindergärten, Schulen und öffentliche Einrichtungen mit regionalen oder biologischen Lebensmitteln zu versorgen.

Sowohl Frau Welke als auch Herr Nitsche waren ein wenig enttäuscht von der Resonanz, welche das Klimaschutzkonzept nach der Veröffentlichung erfahren hat. „Nachdem es gedruckt war hat man davon nicht mehr viel gehört", so Nitsche

Fazit Klimaschutzkonzept
Mit dem Klimaschutzkonzept sind die Weichen für eine nachhaltige Energieversorgung in Kaufungen gestellt. Der Gemeinde sind Strategien und Maßnahmen aufgezeigt worden, die zum Erreichen der eigenen Energiewende nötig sind. Die Erstellung eines „Klimaschutzkonzeptes" zeigt, dass in Kaufungen eine nachhaltige Energieversorgung angestrebt wird.

Zum einen sind Maßnahmen der Energiesuffizienz geplant. Hierzu zählen vor allem die energetische Sanierung von Gebäuden, die Umstellung auf energiesparende Leuchtmittel in öffentlichen Einrichtungen und die Förderung der Heizungsumrüstung. Zum anderen wird versucht, die Stromversorgung durch regenerative Energien zu decken und so CO_2 einzusparen. Diese Maßnahmen machen Kaufungen nicht nur unabhängiger und autonomer in Bezug auf die Stromversorgung, sondern können auch zur Förderung der regionalen Wertschöpfung beitragen.[121]

---

120 Vgl. Interview Herr Roß.
121 Vgl. Dangelmeyer, S. 73.

Des Weiteren sind die Bürger*innen an der Erstellung des „Klimaschutzkonzepts" beteiligt gewesen. Das kann zu einer stärkeren Identifikation mit der Gemeinde führen. Das Angebot, sich einzubringen, ist außerdem eine Einladung zur Partizipation. Die Bürger*innen können den öffentlichen Raum mitgestalten und lernen Verantwortung zu übernehmen. Die Beteiligung der verschiedenen Akteure zeigt, dass die Bevölkerung bei der Bewältigung der Aufgaben teilhaben will und Engagement vorhanden ist.

Dass die Energiewende auch die politischen Akteure erreicht hat, konnte Herr Christmann bestätigen. Die Gemeinde versucht mit den ihr zu Verfügung stehenden Mitteln, die Ziele zu erreichen. Diese sind in Zeiten der Haushaltskürzungen auf kommunaler Ebene bescheiden, könnten aber in der Zukunft noch ausgeweitet werden. Zum Beispiel durch die Einsparungen der Energieausgaben, aber auch durch Einnahmen in Folge der Maßnahmen des „Energiekonzeptes".

Die Gemeindeverwaltung ist bemüht, auch nächstes Jahr wieder Geld für die Umsetzung der Maßnahmen zu mobilisieren. Der Ausschuss für Energie, welcher ebenfalls zum Zweck der Energiewende gegründet wurde, wird dabei in sämtliche Energieangelegenheiten eingebunden. Daran ist auch Bürgermeister Roß sehr interessiert, so Herr Christmann.[122] Das Erheben und Sammeln notwendiger Daten wird weiterhin von Herrn Dangelmeyer durchgeführt. Diese Daten sind für zukünftige Projekte notwendig.

Die Aufrechterhaltung der einzelnen Maßnahmen zeigt, dass die Gemeinde Kaufungen auch in Zukunft für eine nachhaltige Energieversorgung eintritt. Ernüchternd ist jedoch, dass trotz aller guten Voraussetzungen der Gemeinde und den ambitionierten Bürgern*innen, es am Ende an Geld fehlt, um die Maßnahmen umzusetzen, die für die Bewältigung der Ziele notwendig sind.

Das Kaufunger Gemeindewerk

Das Gemeindewerk Kaufungen wurde am 15. Januar 2014 gegründet.[123] Das Ziel des Gemeindewerks ist der Rückkauf des örtlichen Stromnetzes sowie dieses selbst zu verwalten und zu betreiben, um die Bürger*innen mit CO_2-neutralem Strom aus regenerativen Energien zu versorgen. Städte und Gemeinde können mit Rückkauf die Klimabilanz verbessern, indem sie Ökostrom einkaufen oder selber produzieren und anschließend vertreiben.[124]

Ein Vorteil, der sich aus dem Rückkauf des kommunalen Stromnetzes ergibt ist, dass das Gemeindewerk Kaufungen von den Netzdurchleitungsgebüren profitiert, so Herr Nitsche von der EGK. Der Anstoß hierfür waren die neuen Klimaschutzziele der Gemeinde Kaufungen und die Bestrebungen die Energiewende in Deutschland zu unterstützen. In Folge dessen wurde der Beschluss gefasst, das kommunale Stromnetz von „E.ON Mitte", jetzt „EAM"[125], zurückzukaufen und

---

122 Vgl. Interview Herr Christmann.
123 Vgl. ebd.
124 Vgl. Staab, Jürgen: Erneuerbare Energien in Kommunen; Energiegenossenschaften gründen, führen und beraten, Wiesbaden 2012, S. 19.
125 Energie aus der Mitte

selbst zu verwalten, um möglichst „viel regenerative Energien einspeisen zu können".[126] Herr Christmann begründete, dass die Gemeindeverwaltung „als kommunale Hand auch Einfluss auf das Netz in der Erde haben will", aber dadurch „hat man noch lange nicht den Einfluss auf Strom".

Herr Nitsche von der EGK erläuterte, dass dieser Prozess ein sehr bewegter gewesen sei, der mit vielen Diskussionen in den entsprechenden Gremien des Gemeindeparlaments begleitet wurde. Dieser Prozess hat dazu geführt, dass ein vormals gefasster Beschluss, den Konzessionsvertrag mit EON zu verlängern, revidiert wurde. Die Folge war eine europaweite Neuausschreibung dieses Konzessionsvertrages, um den sich die Städtischen Werke Kassel (SWK) beworben haben.

Ein Kriterium der neuen Ausschreibung beinhaltete, dass der neue Konzessionär bereit sein soll zu einer Bürgerbeteiligung, „wie das auch immer organisiert war", so Nitsche. Die Städtischen Werke haben dieses Kriterium unterstützt und so den Zuschlag für den Konzessionsvertrag bekommen. Nach der Einschätzung von Herrn Nitsche hätte die Gemeinde niemals das Stromnetz alleine zurückkaufen können, sie brauchte einen strategischen Partner mit dem neuen Konzessionär. Daraufhin haben die SWK einen Gesellschaftsvertrag vorgelegt, um ein Gemeindewerk zu gründen. Das Ziel ist es „eigenständig operieren zu können", um das Stromnetz von der "Energie aus der Mitte" zu kaufen.

Aktuell ist die Gemeinde Kaufungen mit 1% am Gemeindewerk beteiligt, die EGK möchte sich ebenfalls, sobald wie möglich, mit 1% beteiligen. Herr Christmann erklärt die Beteiligung unter anderem damit, das „Risiko des Konstrukts zu minimieren". Die Gemeindeverwaltung kann, sobald die „rechtlichen Sachen" geklärt sind, den Anteil am Gemeindewerk auf bis zu 74,9% erhöhen, so Bürgermeister Roß.

Die Zusammenarbeit mit den SWK funktioniert, laut Aussage von Herr Christmann, sehr gut, ist aber im Moment auf „verwaltungstechnische und kaufmännische" Bereiche begrenzt. Die Gemeindeverwaltung geht nicht davon aus, dass hier größere Probleme auftauchen, da die SWK „große Erfahrung" mitbringen.

Um das Gemeindewerk auch mit „Inhalt zu füllen", wird in einem ersten Schritt das Produkt „Lossestrom" und „Lossegas" verkauft. Der Strom bzw. das Gas aus den Produkten besteht zu 100% aus regenerativen Quellen und ist CO_2-neutral.[127] Bei dem Strom handelt es sich dabei um „zertifizierten schwedischen Wasserstrom", so Christmann. Für den Verkauf zahlt das Gemeindewerk eine Vermittlungsgebühr. Im weiteren Verlauf der Konzessionsübernahme soll der Strom selber eingekauft und vermarktet werden. Die Gemeindeverwaltung handelt dabei nach einem gängigen Schema. Der Energieexperte Christian Marthol von Kanzlei Rödl & Partner erläutert, dass der erste Schritt die Übernahme des eigenen Netzes ist, der zweite der Aufbau des eigenen Betriebes sowie eigener Anlagen zu Stromproduktion.[128]

---

126 Vgl. Interview Herr Christmann.
127 Vgl. http://www.gemeindewerk-kaufungen.de/index.php?id=982, Stand: 15.10.15.
128 Vgl. Staab, S. 19.

Das Ziel ist, dass das Gemeindewerk „ähnlich autark ist wie die Städtischen Werke".[129] Herr Christmann betont aber, dass dieser Prozess ein sehr „mühsamer" ist, der viele „Kräfte benötigt". Auf die Frage, wie lange dieser Prozess dauert, verwies Christmann darauf, dass in Großalmerode 2009 mit dem Rückkauf begonnen wurde und dieser zum jetzigen Zeitpunkt noch nicht abgeschlossen sei.

Seit dem 2. Juni 2014 können Bürger*innen Stromverträge mit dem Gemeindewerk abschließen. Im Jahr 2014 sind 56 Kaufunger Bürger*innen zum Gemeindewerk gewechselt. Im Jahr 2015 haben noch einmal 72 Kaufunger Bürger*innen ihren Strom bzw. Gas über das Gemeindewerk bezogen, somit versorgt dieses aktuell 128 Kunden.[130]

Die beiden Produkte des Gemeindewerkes werden eigenständig über dieses beworben, die Gemeindeverwaltung hält sich da komplett raus, so Christmann. Herr Nitsche attestiert dem Gemeindewerk dabei „gute Bemühungen, stärkere Öffentlichkeitsarbeit zu machen". Es erscheinen regelmäßig Anzeigen in der Kaufunger Woche und am Rathaus hängt ein Transparent, welches für das Gemeindewerk wirbt. Für aufkommende Fragen aus der Bevölkerung wurden einige Mitarbeiter in der Verwaltung (Bürgerservice) geschult und können bei Bedarf Auskunft geben.

Dennoch gibt es eine starke Diskrepanz zwischen Wechselbereitschaft und dem Wissen um ein regionales Energieprodukt.[131] Herr Nitsche erklärt dies damit, dass das Gemeindewerk in Konkurrenz zu anderen Stromanbietern stehe und die meisten Stromkunden mit ihrem aktuellen Anbieter „zufrieden" seien und ein Wechsel „zu umständlich" sei. Eine mögliche Strategie der Werbung, den Fokus weg von dem Preis der Energie, hin zu „rohstoff- und umweltschonender Stromproduktion und regionaler Wertschöpfung" in den Mittelpunkt der Informationskampagnen zu stellen, befürwortete Herr Nitsche.

Es ist ein Hauptargument der EGK, „dass wir eben sagen, dass wenn Sie [der Verbraucher] sich für regionale Stromanbieter entscheiden, die regionale Wertschöpfung gestärkt wird, das bedeutet, das Geld bleibt in der Region und stärkt die regionale Wirtschaft".[132] Nitsche erklärt, welche Bedeutung ein Wechsel zum Gemeindewerk haben kann. „Man muss den Leuten deutlich machen, das ist eine konkrete Maßnahme, das ist der niederschwelligste Bereich, wo ihr als Verbraucher die Möglichkeit habt, selber zu entscheiden und damit einen guten Beitrag für eine positive Entwicklung zu leisten und bevor ihr den nächsten Schritt macht – in die Genossenschaft eintretet – und mit erspartem Geld lokale Entwicklung zu stärken". Obschon Herr Nitsche die Arbeit des Gemeindewerks positiv hervorhebt, kritisiert er, dass das Angebot "Lossestrom" und "Lossegas" zu beziehen, nur für Kaufunger Bürger*innen gilt.

---

129 Interview mit Christmann.
130 Email von Melanie-Susanne Heinemann (Geschäftsführerin Gemeindewerk Kaufungen).
131 siehe Auswertung.
132 Vgl. Interview Herr Nitsche.

Fazit Kaufunger Gemeindewerk

Mit der Gründung eines eigenen Gemeindewerkes hat die Gemeindeverwaltung in Kooperation mit den Städtischen Werken und der EGK einen weiteren Schritt in Richtung Energiewende getan. Ein Grund dafür ist, dass die Gemeinde mehr Kontrolle über das eigene Stromnetz besitzt. Es kann in Zukunft über die Art des Stromes, welcher in ihr Netz eingespeist bzw. durchgeleitet wird, verfügen und ist somit ein Stück autonomer geworden. Die Gemeinde Kaufungen wird zu einem Akteur in der Stromversorgung und kann das Stromnetz aktiv mitgestalten sowie Investitionen eigenständig planen.[133]

Damit einher geht die Möglichkeit den Bürger*innen ein eigenes Energieprodukt „Lossestrom" und „Lossegas" anzubieten, welches aus CO_2-neutralen und regenerativen Energieträgern gewonnen wird. Mit dem Verkauf eines eigenen Energieproduktes wird auch eine Wertschöpfung für die Region generiert.[134] Das Geld, das in der Regel für Heizöl und Gas an andere erdöl- und erdgasexportierende Länder überwiesen wird, bleibt somit in der Region. Hinzu kommt, dass die Bürger*innen durch die „Energiegenossenschaft Kaufunger Wald" Anteile erwerben, was die lokale Wertschöpfung aus dem Netzbetrieb erhöht.[135] Dadurch könnten neue Arbeitsplätze in der Region geschaffen werden. Des Weiteren könnte die Gemeinde durch eine Netzdurchleitungsgebühr weiter Einnahmen generieren.[136] Das eingenommene Geld könnte dann wieder in andere Projekte investiert werden.

Mit dem Rückkauf des Stromnetzes und dem Vertrieb eines eigenen Produkts wird auch die Klimabilanz der Gemeinde Kaufungen positiv beeinflusst. So kann eigenproduzierter Strom, z.B. durch eine Beteiligung an den Windparks, über das Stromnetz vertrieben werden, bzw. kann der Verbrauch am lokal produzierten Strom innerhalb der Gemeinde optimiert werden.[137] Es wird dadurch der Ausstoß von Treibhausgasen verhindert, was ein Abschwächen des Klimawandels bewirken kann.

Das durch das Gemeindewerk ein Rückkauf des Stromnetzes erfolgt, fördert außerdem die Dezentralisierung der Energieförderung und leistet einen Beitrag, um die monopolartige Marktposition der vier großen Energieerzeuger (RWE, Vattenfall, Eon und EnBW) in Deutschland aufzubrechen. Es sind vor allem die Städtischen Werke, welche dezentrale Lösungen der Energiewende vorantreiben und auch in Kaufungen als „strategischer Partner" auftreten.[138]

Kritisiert werden muss die Transparenz des „Konstrukts" Gemeindewerk Kaufungen. Durch die bürokratischen und rechtlichen Rahmen wird schwer ersichtlich, wer wie in das Projekt involviert ist. Es wäre des Weiteren wünschenswert, wenn die finanzielle Beteiligung der Gemeindeverwaltung offengelegt wird. In beiden Punkten wäre mehr Transparenz der Gemeindeverwaltung gegenüber

---

133 Vgl. Dangelmeyer, S. 3.
134 Vgl. Staab, S. 76ff.
135 Vgl. Dangelmeyer, S. 24.
136 Vgl. Interview Herr Nitsche.
137 Vgl. Dangelmeyer, S. 24.
138 Vgl. Staab, S. 18.

den Bürger*innen begrüßenswert. Informationen über den aktuellen Stand und die genaue Art und Weise der Beteiligung der Gemeindeverwaltung an dem Gemeindewerk sollte ebenso wichtig sein, wie das Werben von Kunden und der Verkauf der Produkte. Dennoch ist mit der Gründung des Gemeindewerkes ein weiterer wichtiger Schritt für eine nachhaltige Energieversorgung in Kaufungen unternommen wurden.

Bottom-Up-Prozess: Energiegenossenschaft Kaufunger Wald (EGK)
Den Energiegenossenschaften und der Beteiligung der Bürger*innen wird in Bezug auf die Energiewende in Deutschland eine zentrale Rolle zugeschrieben. Sie gelten als „Träger der Energiewende"[139] und haben in den letzten Jahren einen „Gründungsboom" erlebt. Bis 2013 wurden insgesamt 888 Energiegenossenschaften gegründet.

Zum einen werden Energiegenossenschaften gegründet, um eine „energieautarke Region zu schaffen". Zum anderen ist die steigende Anzahl der Gründungen von Energiegenossenschaften auch ein Ergebnis der Bestrebungen von Gemeinden und Kommunen, die Energienetze wieder zu vergemeinschaften.[140]

Die Energiegenossenschaften sind durch ihr ökologisches, soziales und ökonomisches Potential bereits dabei, die Energiewende aktiv mitzugestalten. Das bedeutet außerdem, dass sie für den Bottom-Up-Prozess der Energiewende eine große Rolle spielen.

Die "Energiegenossenschaft Kaufunger Wald e.G." wurde am 21. Mai 2012 mit 45 Mitgliedern gegründet. Ausgangspunkt hierfür war das Reaktorunglück in Fukushima und die daraus resultierende Debatte um den „Atomstrom". Die Kaufunger Bürger*innen wollten mit der Gründung einer Energiegenossenschaft einerseits einen konstruktiven Beitrag zur Energiewende leisten und andererseits die Grundlagen für ein zukünftiges kommunales Versorgungswerk schaffen.[141]

Im August 2015 zählt die Energiegenossenschaft 200 Mitglieder mit 818 verkauften Anteilen. Um Mitglied zu werden, wird ein Geschäftsanteil benötigt. Jedes Mitglied kann bis zu 40 Geschäftsanteile erwerben, wobei ein Geschäftsanteil 500€ kostet. Des Weiteren bedarf es der Zustimmung des Vorstandes, um in die Energiegenossenschaft aufgenommen zu werden.

Die EGK ist nach dem Genossenschaftsgesetz in drei Gremien unterteilt. Diese sind in der Satzung verankert. Die Gremien sind der Vorstand, der Aufsichtsrat und die Mitgliederversammlung. Nach Aussage von Herrn Nitsche arbeiten der Vorstand und der Aufsichtsrat eng zusammen. Etwa alle 14 Tage treffen sich der Vorstand und der 1. Vorsitzende des Aufsichtsrates, um sich zu beraten und Informationen auszutauschen. Des Weiteren gibt es eine monatliche Aufsichtsratssitzung, zu der der Vorstand, alle aktiven Mitglieder der Genos-

---

[139] Bayer, Kristina: Energiegenossenschaft - Träger der Energiewende?; Eine Unternehmensform im Fokus gesellschaftlicher Veränderungsprozesse, in: Dieter Gawora und Kristina Bayer (Hg.): Energie und Demokratie, Kassel 2013, S. 141–153, hier S. 141.
[140] Vgl. Kaehlert, S. 26.
[141] Vgl. http://www.energiegenossenschaft-kaufungen.de/index.php/unsere-geschichte Stand: 10.10.2015.

senschaft eingeladen sind. Wie der Aufsichtsrat und der Vorstand arbeiten die aktiven Mitglieder ehrenamtlich.

Die Mitgliederversammlung tagt zweimal im Jahr. In der ersten Mitgliederversammlung des Jahres wird die Jahresbilanz vorgestellt, mit dem Antrag auf Entlastung des Vorstandes. Im Herbst desselben Jahres wird der Geschäftsplan für das kommende Jahr vorgestellt und von den Mitgliedern verabschiedet. Ein großes Anliegen der EGK, welches Herr Nitsche hervorhob, ist dabei der demokratische und transparente Ablauf. Gewährleistet wird diese Arbeit durch die Regelung, dass jedes Mitglied auf der Mitgliederversammlung nur eine Stimme hat, egal wie viele Anteile dieses besitzt. Erstmalig hat der Vorstand 2015 den Aufsichtsrat und alle aktiven Mitglieder zu einer *Zukunftswerkstatt* eingeladen, um über die Ziele und weiteren Schritte der EGK zu diskutieren. Um diese Diskussionen zugänglich und transparent zu machen, werden diese protokolliert und auf der Webseite der EGK veröffentlicht.

Als in der Mitgliederversammlung im Herbst 2014 die Entscheidung zur Beteiligung am Windpark Söhrewald/Niestetal und dazu eine Satzungsänderung zur Abstimmung stand, gab es Bedenken einiger Mitglieder, „man verrate die ideellen Ziele", aufgrund des Kapitalanlagengesetzbuches.[142] Das Problem lag bis zum 9. März 2015 darin, dass die BaFin Genossenschaften unter das Kapitalanlagengesetz gestellt hat, weil Genossenschaften Investmentvermögen sein können.[143] Die Mitgliederversammlung wird ebenfalls genutzt, um Informationsveranstaltungen zu organisieren, „um die Attraktivität einer solchen Veranstaltung auch für Nichtmitglieder zu erhöhen".

Neben den offiziellen und in der Satzung verankerten Gremien gibt es noch zwei Arbeitsgruppen, welche die Arbeit der Energiegenossenschaft seit den Anfängen unterstützen. Zum einen die "AG Technik", zum anderen die "AG Öffentlichkeitsarbeit". Laut Nitsche arbeiten hier aktive Mitglieder zusammen an verschiedenen Projekten.

Die Kaufunger Energiegenossenschaft nennt sich seit Herbst 2014 „Energiegenossenschaft Kaufunger Wald". Mit diesem Schritt und den notwendigen Satzungsänderungen wollte man ein „Signal setzen, über Kaufungen hinaus", so Nitsche. Es soll so Offenheit kommuniziert und gezeigt werden, dass auch Menschen, die nicht in Kaufungen leben, Mitglied in der Genossenschaft werden können, denn „für eine Beteiligung am Windpark [wird] jedes Mitglied gebraucht".[144]

Von Anfang an war es erklärtes Ziel der EGK, laut Herr Nitsche, die Gemeindeverwaltung dazu zu bewegen, dass lokale Stromnetz zurückzukaufen. Dies wurde im Gemeindeparlament diskutiert und beschlossen, mit dem Ergebnis, dass das Gemeindewerk mit Unterstützung der SWK gegründet worden ist.

Das zweite Ziel der EGK ist, die Mitglieder mit preiswerter und erneuerbarer Energie zu versorgen. Das geschieht nach Aussage von Herrn Nitsche „mittelbar durch Einspeisung ins allgemeine Stromnetz". Hierfür sind zwei Projekte

---

142 Vgl. Interview Herr Nitsche.
143 Vgl. http://www.zdk-hamburg.de/blog/2015/03/bafin-aendert-auslegungsschreiben/, Stand 13.10.15.
144 Interview Herr Nitsche.

umgesetzt worden. In den ersten beiden Jahren seit Gründung wurden zwei Photovoltaik-Projekte realisiert. Es handelt sich dabei um eine Anlage auf dem Dach des Bürgerhauses in Oberkaufungen und um eine Anlage auf der Kita Sternschnuppe in Kaufungen-Papierfabrik. Beide Anlagen zusammen haben eine Leistung von 49,8 kWp. Diese Projekte sind mit Hilfe der AG Technik geplant und umgesetzt worden. Hier planten „versierte Mitglieder" die Anlagen in Zusammenarbeit mit örtlichen Unternehmen, die Montage wiederum erfolgte zum Großteil in ehrenamtlicher Arbeit durch Mitglieder der EGK.

Das nächste Projekt was umgesetzt worden ist, ist die Beteiligung am Windpark Söhrewald/ Niestetal. Laut Herrn Nitsche hat die EGK nach Änderungen bei der Einspeisevergütung und dem EEG-Gesetz den Fokus stärker auf die Beteiligung an der Windparkgesellschaft gelegt. Deshalb hat man sich mit 2% am Windpark Söhrewald/Niestetal beteiligt. Insgesamt produziert die Anlage, zu der noch eine Photovoltaik-Anlage in Niestetal zählt, Strom für 17 000 Haushalte.

Bei der Umsetzung der Beteiligung gab es auch die größten Probleme, mit denen sich die EGK bis jetzt konfrontiert sah. Um sich am Windpark Söhrewald/ Niestetal beteiligen zu können, musste sich die EGK bei der Bundesanstalt für Finanzdienstleistungsaufsicht (BaFin) registrieren lassen.[145] Laut Nitsche haben auch andere Energiegenossenschaften aus der Region dieses Problem. Die Registrierung bei der BaFin hat sehr viel Arbeitsaufwand benötigt und „sehr viele Kräfte gebunden", so Nitsche. Die Genossenschaftsarbeit wurde dadurch „verkompliziert" und die EGK stand zunehmend unter Termindruck. Des Weiteren wurde die Arbeit „in Richtung Mitgliederkommunikation und Werbung blockiert."[146] Die Beteiligungsabsichten der EGK am Windpark Söhrewald/ Niestetal wurden im Frühjahr 2013 bei den Städtischen Werken angemeldet. Im Sommer 2013 wurde das Kapitalanlagengesetz beschlossen.

Es gibt aber auch kritische Stimmen aus Kaufungen und den Nachbargemeinden. Nach Aussage von Herrn Christmann, gab es in Kaufungen selber „keinen wahrnehmbaren Widerstand" gegen die Windanlage im Stiftswald, „in Helsa schon". Zu den kritischen Gruppen gehören die Bürgerinitiativen "PRO Hirschberg – Kaufunger Wald" und "Lebenswertes Helsa". Die Gruppen möchten den unkontrollierten Ausbau von erneuerbaren Energien stoppen[147] und eine „natur- und menschenverträgliche" Energiewende durchsetzen.[148] Herr Nitsche spricht von einem „respektvollen Umgang" miteinander, aber „vorrangig will man die Energiewende unterstützen". „Windkraft ist die effektivste Form" und das Problem der „Verspargelung der Landschaft" wird durch die positiven Effekte, welche die Anlagen auf die Region haben, nicht so kritisch gesehen.[149]

---

145 Im Verlauf der Praxisarbeit hat die BaFin am 09.03.2015 ihr Auslegungsschreiben zum Anwendungsbereich des Kapitalanlagengesetzbuches und zum Begriff des „Investmentvermögens" geändert. „Bei wertender Gesamtschau verfolgt demnach eine Genossenschaft nach § 1 Abs. 1 GenG regelmäßig keine festgelegte Anlagestrategie, sodass kein Investmentvermögen im Sinne des § 1 Abs. 1 KAGB vorliegt". Damit fallen Genossenschaften nicht mehr unter das Kapitalanlagengesetzbuch.
146 Interview Herr Nitsche.
147 Vgl. http://kaufunger-wald.de/unsere-ziele/, Stand: 20.10.2015.
148 Vgl. http://www.lebenswertes-helsa.de/?page_id=143, Stand: 20.10.2015.

Neben den drei großen, oben genannten Projekten, hat die EGK noch andere Pläne für die Zukunft. Zum einen ist eine namhafte Beteiligung der EGK am entstehenden „Windpark Stiftswald" geplant. Zum anderen soll verstärkt daran gearbeitet werden, die Selbstversorgung mit Strom durch Photovoltaik-Anlagen voranzutreiben. Nach Nitsches Aussage dienen die Solaranlagen mehr und mehr der Selbstversorgung mit Strom. Das hat zur Folge, dass die Photovoltaik-Anlagen den Bedarf angepasst werden. Die Idee ist, dass die EGK Photovoltaik-Anlagen errichtet und diese dann verpachtet. Hierfür gibt es nach Aussage von Herrn Nitsche schon erste Vertragsentwürfe. Des Weiteren gibt es Überlegungen zum Thema „Elektromobilität". Hier wurden aber keine weiteren Aussagen gemacht. Was in naher Zukunft jedoch umgesetzt werden soll, sind Pläne eine Informationsveranstaltung für Kaufunger Bürger*innen zu organisieren, welche das Thema „Energiesparen" behandelt.

Um die Ziele weiter zu verfolgen und Erfolge oder Ankündigungen auch der Kaufunger Bevölkerung zugänglich zu machen, wirbt und kommuniziert die EGK auf verschiedenen Eben für ihre Vorhaben. Zum einen gibt es die Webseite der EGK. Hier gibt es Informationen zu aktuellen „Unternehmungen" (Infoveranstaltungen, gemeinsame Treffen), der Satzung und den Zielen. Die Informationsveranstaltungen und Treffen der EGK werden außerdem in der regionalen Zeitung, der Kaufunger Woche, angekündigt. Bei diversen Veranstaltungen wie den Dorftagen oder der Stiftsweihnacht ist die EGK ebenfalls mit einem Informationsstand vertreten, um so für ihr Vorhaben zu werben. Außerdem werden Informationsstände auf verschiedenen Veranstaltungen zusammen betrieben. Es ist, nach Nitsche, ein „niederschwelliger Arbeitsbereich". Die EGK unterstützt dabei das Gemeindewerk bei dem Werben von Neukunden, gegen eine Provision.

Neben dem Gemeindewerk pflegt die EGK auch guten Kontakt mit der Gemeindeverwaltung, um das Kaufunger Ziel, bis 2030 den Stromverbrauch der Gemeinde aus regenerativen Energiequellen zu decken, zu erreichen. Tagt der Energieausschuss, sind Mitglieder der EGK immer anwesend, wenn es im politischen Raum „um Energie geht, sind wir immer dabei", so Nitsche. Weiterhin gibt es „ein- bis zweimal im Jahr, oder je nach Bedarf, wenn neue Projekte anstehen", Gespräche mit dem Bürgermeister. Die Gemeindeverwaltung wiederum gibt z.B. „Lesehilfe und Hinweise bei der Einsicht in Pläne". Herr Nitsche erwähnt ebenfalls, dass einzelne Mitglieder auch im Parlament oder in der einen oder anderen Partei sind. Doch fügt er hinzu, dass „wir schon darauf geachtet [haben], von vornehrein nicht direkt und plakativ damit zu werben, dass XY Mitglied in der Energiegenossenschaft ist. Das hat man vermieden, man will Offenheit erhalten und nicht in Verruf von Kumpanei kommen mit ganz bestimmten Parteien".[150] Allerdings sind „viele Gründer der EGK Mitglieder der Gemeindevertretung" und finden „dadurch auch im Parlament Gehör", so Herr Christmann vom Bauamt.

---

149 Vgl. Interview Herr Nitsche.
150 Interview Herr Nitsche.

Eng zusammen arbeitet die EGK auch mit den Energiegenossenschaften der Nachbargemeinden. Hierfür ist die "Arbeitsgemeinschaft Nordhessischer Genossenschaften"[151], gegründet worden. Das ist ein „freiwilliges Gremium, was sich bei Bedarf trifft". Die Kooperation war notwendig, um die Anforderungen des Kapitalanlagengesetzbuches zu stemmen. In diesem Zusammenhang haben sich die Genossenschaften gemeinsam von einem Rechtsanwalt beraten lassen. Darüber hinaus werden Informationen zu Kundgebungen und Demonstrationen zum Thema „Energiewende" gemeinsam veröffentlicht.

Fazit Energiegenossenschaft Kaufunger Wald
Die EGK ist ein wichtiger Akteur für die Energiewende in Kaufungen. Ein Grund hierfür ist, dass die Genossenschaft Kapital bündelt, welches in nachhaltige Energieversorgungsprojekte investiert wird. Da das Ziel ist, regional Energie zu erzeugen, geht damit eine regionale Wertschöpfung einher, weil örtliche Firmen mit in den Aufbau einer nachhaltigen Energieversorgung involviert werden könnten, was ebenfalls Arbeitsplätze sichern kann.

Zweitens regt die Genossenschaft die Mitglieder zur Partizipation an. Die Mitglieder werden angehalten, sich mit örtlichen Problemen und möglichen Lösungen auseinanderzusetzen. Nicht zuletzt versucht die EGK auch politisch in die Energiewende einzugreifen. Beides spricht für ein starkes Bürgerengagement der Mitglieder. Die Auseinandersetzung mit Problemen und Anliegen in der Gemeinde fördert des Weiteren das Gemeinschaftsgefühl und das Erreichen gemeinsamer Ziele kann Motivation sein, weitere Aufgaben und Projekte anzugehen.[152]

Die EGK fördert drittens, aktiv den Ausbau regenerativer Energien und trägt damit zum einen zur Energiewende bei, zum anderen wird die Dezentralisierung der Energieerzeugung weiter vorangetrieben. Das wiederum sind Kriterien einer nachhaltigen Energieversorgung.

Die Genossenschaft versucht in Zukunft die Bürger*innen mit Informationen zur Energiewende, aber auch zum Energiesparen zu versorgen. Energiesparen und dauerhaft weniger Energie zu verbrauchen, ist ein Teil einer nachhaltigen Energieversorgung.

Die Energiegenossenschaft Kaufunger Wald ist auch eine Akteurin, die neue Impulse gibt, da hier vielen unterschiedlichen Mitgliedern ein Forum zur Diskussion geboten wird. Nach Aussagen der "Zukunftswerkstatt" gäbe es ohne die EGK kein Gemeindewerk und die Energiewende in Kaufungen würde langsamer umgesetzt werden.

Durch die Vorhaben der EGK und durch die Prozesse, die sie auch mit Hilfe anderer Akteure aus der Gemeinde angestoßen hat, ist Kaufungen einen großen Schritt auf das Ziel 2030 zugegangen. Es zeigt sich, dass gerade die Zivilgesellschaft wichtig für die Umsetzung politischer Maßnahmen ist und dass politische Entscheidungen von Bürger*innen flankiert werden müssen, sollen sie erfolgreich sein.

---

151 Hierzu gehören Bürgerenergie Kassel/Söhre, Bürgerenergie Wolfhagen, Bürger-Energiegenossenschaft Niestetal.
152 Vgl. Staab, S. 80.

Bürgerliches Engagement und Initiativen in Kaufungen

In Kaufungen gibt es eine Vielzahl unterschiedlicher Initiativen, Vereine und Gruppen, welche sich mit Umwelt- und Naturschutzthemen auseinandersetzen. Hierzu zählen der Naturschutzbund (NABU), „Blühendes Kaufungen", „Kaufungen gestaltet Zukunft".

Eine Initiative ist „Kaufungen gestaltet Zukunft". Diese ist vor ca. fünf Jahren aus einem „Diskussionsprozess um Peak Oil[153] entstanden".[154] Im Rahmen dieser Debatten ist die Gruppe auf die Transition Town-Initiativen aufmerksam geworden, welche weltweit agieren. Dieser Bewegung wollten sich einige Bewohner*innen der Gemeinde Kaufungen ebenfalls anschließen. Das besondere an dieser Bewegung ist, dass sie mehr von „unten getragen, als von oben gelenkt wird.[155] "Kaufungen gestaltet Zukunft" ist kein Verein und hat auch keinen anderen rechtlichen Status, sondern ist ein Verbund von Menschen, die sich engagieren wollen.

Die Intention der Initiative ist die Vernetzung mit anderen Gruppen und Akteuren und das Einbringen neuer Ideen und Prozesse. Es sollen so regionale Ressourcen (auch Kenntnisse und Fähigkeiten) erhalten und gefördert werden, welche eine hohe Lebensqualität bei gleichzeitiger Unabhängigkeit von fossilen Energieträgern gewährleisten sollen. Die Initiative in Kaufungen „versucht zu schauen, wer wohnt nebenan, wer macht was, wie kann man sich gegenseitig Helfen, wer sind die lokalen Akteure", so Frau Welke. Außerdem wird versucht, durch Öffentlichkeitsarbeit die Bürger*innen auf bestimmte gesellschaftliche Situationen hinzuweisen.

Im Moment gehören „Kaufungen gestaltet Zukunft" zehn Personen an, die sich regelmäßig treffen. Diese Treffen in der „Begegnungsstätte Kaufungen" sind öffentlich und „wer möchte kann jederzeit vorbei kommen", so Welke. Dadurch variieren die Teilnehmerzahlen auch. So sind bis jetzt ca. 30-40 Personen aktiv gewesen, die unregelmäßig teilnehmen, aber durch einen „Verteiler" mit Informationen und Aktionen der Initiative informiert werden. Projekte oder Vorschläge für Aktionen können immer eingebracht werden und werden diskutiert. Wenn eine Idee „angenommen" wird, wird sie ausprobiert. Der Bezugsrahmen ist dabei immer die Gemeinde Kaufungen.[156]

In den ersten zwei Jahren gab es deswegen viele verschiedene Veranstaltungen, um auszuloten, was akzeptiert wird und was auf Resonanz bei den Bürger*innen stößt. Zum Beispiel gab es Filmvorführungen und Informationsveranstaltungen mit Gastrednern. Dabei ist schnell deutlich geworden, dass Informationsveranstaltungen „nicht angenommen werden, weil man vieles schon weiß". Laut Welke wurde sich auf „Sachen zum Mitmachen" konzentriert, um so auch die Bürger*innen partizipieren zu lassen.

---

153 Zum Begriff "Peak Oil": Hopkins, Rob (2008): Energiewende. Das Handbuch ; Anleitung für zukunftsfähige Lebensweisen. Dt. Erstausg., 1. Aufl. Frankfurt, M., Affoltern a.A.: Zweitausendeins; Buch 2000, 18-29.
154 Interview Frau Welke.
155 Hopkins, S. 9.
156 Vgl. Interview Frau Welke.

Daraus entstand der jährliche Aktionstag „Tag der offenen Türen und Gärten". Gartenbesitzer*innen öffnen ihre Gärten für Besucher*innen und verweisen auf Möglichkeiten der Gartengestaltung und der Selbstversorgung durch Gemüseanbau. Des Weiteren können bauliche Veränderungen - im und am Haus vorgestellt werden, durch die Energie gespart wird, z.b. neue Heizungssysteme, Photovoltaikanlagen etc. Es soll so ein Bewusstsein für Klima- und Umweltschutz geschaffen werden.

Ein weiterer Aktionstag ist der „Pflanzenmarkt" in Kaufungen. Hier geht „es ja eben darum regional Saatgut zu erzeugen, regional Lebensmittel anzubauen und auch Kenntnisse zu vermitteln, damit die Leute eben selber Lebensmittel erzeugen können".[157] Beide Aktionen fördern ein Bewusstsein für die Umwelt und bringen die Bürger*innen zusammen, beeinflussen die Identifikation mit der Gemeinde und der Region positiv. Bei der Erstellung des „Klimaschutzkonzeptes" war „Kaufungen gestaltet Zukunft", als Initiative ebenfalls beteiligt.

Wie eng mit anderen Initiativen gearbeitet wird, zeigt die „Personalunion", welche auch von Herrn Nitsche und Herrn Christmann angesprochen wurde. „Personalunion" bedeutet, dass Mitglieder der Initiative „Kaufungen gestaltet Zukunft" auch in anderen Projekten und Gruppen aktiv sind. Dieses Arbeiten in verschiedensten Initiativen und Gruppen ist auch beabsichtigt. Es sind einige Mitglieder bei der EGK aktiv oder arbeiten mit der „Roten Rübe" zusammen, die den „Pflanzenmarkt" mitorganisiert. Ebenfalls beim „Pflanzenmarkt" involviert, ist der „Naturschutzbund Kaufungen", der die Initiative unterstützt. Außerdem steht "Kaufungen gestaltet Zukunft" in engem Kontakt mit der Initiative "Blühendes Kaufungen". Diese von Imkern, dem NABU und der Gemeindeverwaltung gegründete Gruppe setzt sich für die Erhaltung des Bienenbestandes und anderer Insekten ein, indem spezielle Blühflächen angelegt wurden.[158]

Frau Welke betont, dass in Kaufungen sehr viele Leute engagiert sind und dass verbindende Ideen auch Grundlage für gemeinsame Kooperationen mit anderen Initiativen sind. Im Allgemeinen ist die Zusammenarbeit zwischen den Initiativen sehr gut und Konflikte sind nicht aufgetreten.

Der Kontakt zur Gemeindeverwaltung ist ebenfalls sehr gut. Der Bürgermeister ist, laut Frau Welke, offen für neue Ideen und Impulse und unterstützt die Initiative. Als Anerkennung der ehrenamtlichen Arbeit hat die Initiative „Kaufungen gestaltet Zukunft" den „Innovationspreis für ehrenamtliches Engagement" bekommen, der von der Gemeindeverwaltung vergeben wird. Das zeigt, dass die Arbeiten und das Engagement auch auf Resonanz in der Gemeinde stoßen.

Dennoch gibt es Kritikpunkte von Seiten der Initiative. Vor allem die Konsequenzen des Klimaschutzkonzeptes werden bemängelt. Es scheint, dass hier nicht genug Arbeit in die Umsetzung der einzelnen Maßnahmen investiert worden ist. Auch die finanziellen Ausgaben der Gemeindeverwaltung für Klima und Umweltschutz werden als zu gering angesehen.[159]

---

157 Interview Frau Welke.
158 http://www.kaufungen.eu/index.phtml?object=tx|417.30.1&ModID=7&FID=417.7844.1&sNavID=1.100, Stand: 15.10.2015.

DesWeiteren gibt es Maßnahmen, die beschlossen wurden, welche kein bzw. wenig Geld kosten. Dass diese noch nicht umgesetzt seien, wird ebenfalls kritisiert.[160]

Fazit Bürgerliches Engagement und Initiativen in Kaufungen
In Kaufungen gibt es eine Vielzahl verschiedenster Bürgerinitiativen, die sich für Umweltschutz einsetzen. Dabei sind die Initiativen gut miteinander vernetzt und stehen durch eine "Personalunion" in regelmäßigem Kontakt. Es hat sich ebenfalls gezeigt, dass auch im Energiesektor, der Einsatz der Bürger*innen unverzichtbar ist. Die Umstellung auf eine Selbstversorgung mit erneuerbaren Energien hängt auch mit Menschen aus der Region zusammen, die Initiative ergreifen und ihre Mitbürger mobilisieren. Hier hat gerade die Initiative "Kaufungen gestaltet Zukunft" die richtigen Fragen gestellt und versucht sich zu vernetzen. Die Fragen sind dabei: wer sind Schlüsselakteure, wie sind diese vernetzt und wie können sie das Energiesystem konstruktiv in Richtung einer sozial gerechten und umweltschonenden Selbstversorgung verändern, ohne die Lebensqualität negativ zu beeinflussen.[161]

Ebenfalls hat sich gezeigt, dass sich durch Engagement der Bürger*innen Kaufungen positiv gestalten lässt, das gilt vor allem, aber nicht nur, für eine nachhaltige Energieversorgung. Viele Ideen und Konzepte sind erst durch Arbeiten der Initiativen ins Leben gerufen worden.

---

159 Interview Frau Welke.
160 ebd.
161 Vgl. Ruppert-Winkel, Chantal et al.: Die Energiewende gemeinsam vor Ort gestalten; Ein Wegweiser für eine sozial gerechte und naturverträgliche Selbstversorgung aus Erneuerbaren Energien – Schwerpunkt Bioenergie, Freiburg 2013, S. 19.

Fazit

Betrachtet man die gesamte Untersuchung, lassen sich positive sowie negative Aspekte in Bezug zur Nachhaltigkeit in Kaufungen ausmachen, wobei die ersten weitaus überwiegen.

Vor allem die Stiftsweihnacht stellt sich als gänzlich positiv dar. Die meisten Stände weisen Nachhaltigkeitsaspekte auf, ausgenommen wenige Lebensmittelstände. Deshalb wäre es wünschenswert, die Stiftsweihnacht als vollständig nachhaltigen Weihnachtsmarkt zu deklarieren, um auch überregional damit werben zu können und sich von anderen Märkten im positiven Sinn abzugrenzen.

Kaufungen lässt sich als Gemeinde klassifizieren, die bemüht ist, der Nachhaltigkeit Raum zu schaffen. In der Allgemeinen Befragung wurde deutlich, dass die Bürger*innen weitestgehend - mit und in Kaufungen - zufrieden sind. Der Kritikpunkt, der am deutlichsten im Fokus lag, ist der Ausbau der A44. Aber auch der leere Ortskern stellte ein Problem für viele Kaufunger*innen dar.

Des Weiteren ist das Vereinsleben von großer Bedeutung. Bei der Auswertung der sozialen Nachhaltigkeit kamen auch mehr positive als negative Aspekte zum Vorschein. Die Stichprobe aus dem Geburtenjahrgang 1944 zeigte eine positive allgemeine Zufriedenheit mit Kaufungen an. Diese lag bei 5,6 von 7 Skalenpunkten. Des Weiteren fühlten sich alle Befragten gut in Kaufungen aufgehoben. Alle abgefragten Items hatten mindestens einen Skalenwert von 5,8, was nur sehr wenige Kritikpunkte erahnen lässt. Ein weiterer positiver Punkt war die Nachbarschaftshilfe, die sich um Menschen in besonderen Lebenslagen kümmert. Auch das soziale Miteinander sowie den Vereinen kommt eine große Bedeutung zu.

Im Bereich der Lebensmittelproduktion und regionalen Kreisläufen sowie der kommunalen Ernährung schneidet Kaufungen eher mittelmäßig ab. In Anbetracht der Produktion und der Regionalität ist das Bild jedenfalls eindeutig, dass die Kommune Niederkaufungen ein Aushängeschild für die Gemeinde ist. Die konventionellen Landwirt*innen könnten sich zur Optimierung ihres Betriebes stärker am Nachhaltigkeitsprinzip orientieren und Offenheit für „neue" Prozesse zeigen. Ebenso bei regionalen Kreisläufen ist dies der Fall, da die wenigsten Betriebe im regionalen Kreis handeln.

Aus der Stichprobe der allgemeinen Befragung geht hervor, dass die Bevölkerung Kaufungens viel Fleisch und wenig vegetarisch isst. Von einem erhöhten Fleischkonsum ist aus nachhaltiger Perspektive abzuraten, da die Fleischproduktion enorm viel Energie verbraucht. Ebenso ist es ratsam, dass diejenigen, die einen eigenen Garten haben, diesen auch zum Gemüse- oder Obstanbau nutzen. Das führt zu Einsparungen im Bereich von Ressourcen und Gütern sowie im eigenen Geldbeutel.

Für den Bereich der nachhaltigen Energieversorgung lässt sich zusammenfassend sagen, dass durch die Arbeit der verschiedenen Gruppen Schritte zur

Fazit

Umsetzung einer nachhaltigen Energieversorgung eingeleitet worden sind und dieser Weg konsequent weiterverfolgt wird. Zum einen durch die politischen Akteure, zum anderen durch Initiativen, welche von den Bürger*innen betrieben werden. Dabei wurde deutlich, dass Engagement der Bürger*innen und die Unterstützung der Politik notwendig sind, um Aufgaben für eine nachhaltige Energieversorgung erfolgreich zu bearbeiten.

Dass die Gemeinde auf einem Weg zu einer nachhaltigen Energieversorgung ist, kann zusammenfassend durch die folgenden Punkte belegt werden.

Zum einen wird der Ausbau von regenerativen Energien vorangetrieben, sowohl für die Energiebilanzen als auch in Zukunft für den Eigenverbrauch. Das Ziel, die Gemeinde bis 2030 nur noch mit regenerativen Energien zu versorgen, kann durch die Inbetriebnahme des Windparks Söhretal erreicht werden.

Zum anderen ist die Gemeindeverwaltung bestrebt, Energie dauerhaft einzusparen. Dies betreibt sie aktiv durch die energetische Gebäudesanierung öffentlicher Einrichtungen und durch das Ersetzen von alten durch energiesparendere Leuchtmittel. Indirekt versucht sie, die energetische Gebäudesanierung mit zinslosen Darlehen aus dem Sondervermögen der Gemeinde, auch für Bürger*innen attraktiv zu machen und diese für Investitionen in Energiesparmaßnahmen zu bewegen.

Der Ausbau der regenerativen Energien, die Bestrebungen Energie einzusparen und der Rückkauf des regionalen Stromnetzes sichert auch für zukünftige Generationen (in Kaufungen) den Zugang zu Energie. Durch den Rückkauf des Stromnetzes durch das Gemeindewerk, kann die Stromversorgung auch wieder demokratischer gestaltet werden, weil in Zukunft die Gemeindeverwaltung in Besitz der Konzession ist und das Stromnetz wieder in öffentlicher Hand ist

Trotz der insgesamt positiven Tendenz gibt es Punkte, die in Zukunft ebenfalls in die Bemühungen integriert werden sollten, um eine nachhaltige Energieversorgung zu erreichen.

Zum einen ist die nachhaltige Energieerzeugung im Moment noch auf die Erzeugung von elektrischem Strom beschränkt. Hier könnten in Zukunft Konzepte erarbeitet werden, die bedenken, wie Heizenergie aus fossilen Energieträgern durch regenerative Energieträger erzeugt oder eingespart werden kann. Dafür müssten vor allem die Bürger*innen stärker mobilisiert werden.

Zum anderen sollten die Bürger und Bürgerinnen verstärkt darauf hingewiesen werden, dass es mit dem Gemeindewerk einen regionalen Strom- und Gasanbieter gibt, welcher CO_2-neutrale Energie liefert

Insgesamt hat die Gemeinde Kaufungen das Potential, die ambitionierten Ziele, welche sie sich selbst gesteckt hat, auch zu erreichen. Zum einen weil die Politik zusammen mit den Bürger*innen diese Ziele verfolgt und versucht zu erreichen. Zum anderen sind schon einige notwendige Umsetzungen erfolgt. Dabei ist auch darauf hinzuweisen, dass neue Projekte auch in Zukunft geplant sind und davon ausgegangen werden kann, dass auch diese bei anhaltender Begeisterung der Bürger*innen und der Politik positiv umgesetzt werden können.

Literaturverzeichnis

Agenda 21 Bericht: http://www.un.org/depts/german/conf/agenda21/agenda_21.pdf, Stand: 15.07.2015.

Agenda 21 Bilanz BpB: http://www.bpb.de/apuz/26785/lokale-agenda-21-in-deutschland-eine-bilanz?p=3, Stand 15.07.2015.

Bartjes, Heinz: Es braucht ein ganzes Dorf, um alt zu werden, Bad Boll 2008,

Bayer, Kristina: Energiegenossenschaft - Träger der Energiewende? Eine Unternehmensform im Fokus gesellschaftlicher Veränderungsprozesse. In: Dieter Gawora und Kristina Bayer (Hg.): Energie und Demokratie. Kassel 2013.

Becker, Hans: Das Dorf der Zukunft, Das Dorf der Zukunft – Szenario ländlicher Siedlungsentwicklung unter den Bedingungen des demographischen Wandels, Mitteilungen der Fränkischen Geographischen Gesellschaft Bd. 56, 2009.

Beetz, Stephan: Regionale Dimensionen des Alterns und der Umbau der kommunalen Daseinsfürsorge Entwicklungen am Beispiel ländlicher Räume, In Claudia Neu (Hg.): Daseinsfürsorge. Eine gesellschaftswissenschaftliche Annäherung, Wiesbaden 2009, S. 114-132.

Bellmann, Reinart; **Laitko**, Huber; **Meier**, Klaus: Generationengerechtigkeit: Die Verknüpfung ökologischer und sozialer Zielstellungen im Nachhaltigkeitskonzept, in: UTOPIE kreativ, H. 153/154, 2003.

Brand, Karl-Werner: Umweltsoziologie. Entwicklungslinien, Basiskonzepte und Erklärungsmodelle. Weinheim 2014.

Breuel, Birgit (Hg.): Agenda 21. Vision nachhaltige Entwicklung. Frankfurt/Main 1999.

Brunnengräber, Achim; **Di Nucci**, Maria Rosaria: Wettlauf der Systeme. Der Startschuss für das Rennen zwischen fossilen und erneuerbaren Energien ist gefallen – eine Einleitung. In: Achim Brunnengräber und Di Nucci, Maria Rosaria (Hg.): Im Hürdenlauf zur Energiewende. Von Transformationen, Reformen und Innovationen. Wiesbaden 2014.

Brunnengräber, Achim; **Klein**, Ansgar; **Walk**, Heike: NGOs im Prozess der Globalisierung. Mächtige Zwerge, umstrittene Riesen. 1. Aufl. Wiesbaden 2005.

Brunner, Karl-Michael: Nachhaltigkeit und Ernährung. Produktion-Handel-Konsum. Frankfurt/Main 2005.

Literaturverzeichnis

Bundesanstalt für Landwirtschaft und Ernährung: Agrarsubventionen - Top 200 - Liste der deutschen Empfänger 2014, http://www.euractiv.de/sites/default/files/liste_agrarsubventionen_2014.pdf. Stand: 20.07.2015.

Bundesanstalt für Landwirtschaft und Ernährung: Agrasozialpolitik. http://www.bmel.de/DE/Landwirtschaft/Foerderung-Agrarsozialpolitik/Agrarsozialpolitik/sozialpolitik_node.html, Stand: 20.07.2015.

Carlowitz, Hans C von; **Irmer**, Klaus (2000): Sylvicultura oeconomica. Anweisung zur wilden Baumzucht. Reprint der Ausg. Leipzig, Braun, 1713. Freiberg 2000.

Casselmann, Marc: http://www.lebenswertes-helsa.de/?page_id=143, Stand: 20.10.2015.

Cortekar, Jörg; **Jörg**, Jasper; **Sundmacher**, Torsten: Die Umwelt in der Geschichte des ökonomischen Denkens. Marburg 2006.

Christmann et al.: Vulnerabilität und Resilienz in soziräumlicher Perspektive; Begriffliche Klärungen und theoretischer Rahmen, working paper 44, 2011.

Dagger, Steffen: Energiepolitik & Lobbying. Die Novelle des Erneuerbare-Energien-Gesetzes (EEG) 2009. Stuttgart 2009.

Dangelmeyer, Peter: Kaufungen aktiv fürs Klima. Ein integriertes Klimaschutzkonzept für die Gemeinde Kaufungen, Kaufungen 2013.

Dittrich, Kathi: Hohe Umweltbelastung durch Lebensmitteltransporte. https://www.ugb.de/forschung-studien/hohe-umweltbelastung-durch-lebensmitteltransporte, Stand: 25.6.2015.

Erneuerbares-Energiegesetzt (EEG) vom 29.03.2000.

Feiler, Karin; **Zöbl**, Gabriele: Die Weltgeschichte aus dem Blickwinkel der Nachhaltigen Entwicklung. In: Karin Feiler (Hg.): Nachhaltigkeit schafft neuen Wohlstand. Bericht an den Club of Rome. Frankfurt/Main 2003.

Fiedler, Mathias: Bafin. Genossenschaften "regelmäßig" kein Investmentvermögen, http://www.zdk-hamburg.de/blog/2015/03/bafin-aendert-auslegungsschreiben/, Stand: 13.10.2015.

Geiss, Jan; **Wortmann**, David; **Zuber**, Fabian (Hg.): Nachhaltige Entwicklung-Strategie für das 21. Jahrhundert? Eine interdisziplinäre Annäherung. Opladen 2003.

Gemeindewerk Kaufungen: http://www.gemeindewerk-kaufungen.de/index.php?id=990, Stand: 25.06.2015.

Gemeinde Kaufungen: www.kaufungen.eu/index.phtml?object=tx|417.301& ModID=7&FID=417.7844.1&sNavID=1.100, Stand: 15.10.2015.

George, Wolfgang; **Berg**, Thomas (Hg.): Energiegenossenschaften gründen und erfolgreich betreiben. Lengerich [u.a.]: Pabst Science Publ. (Regionales Zukunftsmanagement, 5). 2011.

Grober, Ulrich: Die Entdeckung der Nachhaltigkeit. Kulturgeschichte eines Begriffs. München 2010.

Grunwald, Armin; **Kopfmüller**, Jürgen: Nachhaltigkeit. 2., aktualisierte Aufl. Frankfurt/Main 2012.

Hennicke, Peter; **Fischedick**, Manfred: Erneuerbare Energien. Mit Energieeffizienz zur Energiewende.

Hennicke, Peter; **Müller**, Michael: Weltmacht Energie. Herausforderung für Demokratie und Wohlstand. Stuttgart 2005.

Hopkins, Rob: Energiewende. Das Handbuch ; Anleitung für zukunftsfähige Lebensweisen. Dt. Erstausg., 1. Aufl. Frankfurt/Main 2008.

Hamburgisches Weltwirtschaftsinstitut: Nachhaltigkeit. Strategie 2030, Hamburg 2010.

International Energy Agency: World Energy Outlooks, Paris 2010.

Kersten, Jens: Wandel der Daseinsfürsorge - Von der Gleichwertigkeit der Lebensverhältnisse zur wirtschaftlichen, sozialen und territorialen Kohäsion, in Claudia Neu(Hg.): Daseinsfürsorge. Eine gesellschaftswissenschaftliche Annäherung, Wiesbaden 2009.

Kommune Niederkaufungen: Gemeinschaftsgarten Rote Rübe. http://www.kommune-niederkaufungen.de/gemeinschaftsgarten-rote-rube, Stand: 25.6.2015.

Kopatz, Michael: Lokale Nachhaltigkeit; vom internationalen Diskurs zur Umsetzung in Kommunen, Oldenburg 1998.

Landeszentrale für politische Bildung Baden-Würtenberg: Energie und Nachhaltigkeit. Probleme - Zielkonflikte - Lösungsansätze. In: Politik & Unterricht 34. (4), Baden-Würtenberg 2008.

Lexikon der Nachhaltigkeit: https://www.nachhaltigkeit.info/artikel/nachhaltige_landwirtschaft_1753.htm, Stand: 19.07.2015.

Messner, Dirk; **Nuscheler**, Franz (Hg.): Weltkonferenzen und Weltberichte. Ein Wegweiser durch die internationale Diskussion. Institut für Entwicklung und Frieden. Bonn 1996.

Möller, Uwe: Nachhaltigkeit: Anspruch und Wirklichkeit "Grenzen des Wachstums" - ein Denkanstoß. In: Karin Feiler (Hg.): Nachhaltigkeit schafft neuen Wohlstand. Bericht an den Club of Rome. Frankfurt am Main 2003.

Meywirth, Alexander: http://kaufunger-wald.de/unsere-ziele/, Stand: 20.10.2015.

Nachhaltige Entwicklung in Deutschland. Die Zukunft dauerhaft umweltgerecht gestalten. Berlin 2002.

Ott, Konrad; **Döring**, Ralf: Theorie und Praxis starker Nachhaltigkeit. Marburg 2008.

Pflanzenforschung.de: Nachhaltigkeit. Ursprung und Bedeutung für die Landwirtschaft. http://www.pflanzenforschung.de/de/journal/journalbeitrage/nachhaltigkeit-ursprung-und-bedeutung-fuer-die-landwirt-1023/, Stand: 19.07.2015.

Pufe, Iris: Nachhaltigkeit. Konstanz 2012.

Reisch, Lucia A.; **Hagen**, Kornelia: Kann der Konsumwandel gelingen? in: Ludger Heidbrink u.a. (Hg.), Die Verantwortung des Konsumenten, Frankfurt am Main 2011.

Renn, Ortwin; **Knaus**, Anja; **Kastenholz**, Hans: Wege in eine nachhaltige Zukunft. In: Birgit Breuel (Hg.): Agenda 21. Vision: nachhaltige Entwicklung. Frankfurt/Main 1999.

Rogall, Holger : Ökonomie der Nachhaltigkeit. Handlungsfelder für Politik und Wirtschaft. 1. Aufl. Wiesbaden 2004.

Ruppert-Winkel, Chantal et al.: Die Energiewende gemeinsam vor Ort gestalten; Ein Wegweiser für eine sozial gerechte und naturverträgliche Selbstversorgung aus Erneuerbaren Energien – Schwerpunkt Bioenergie, Freiburg 2013.

Schmitz, Angela: Sustainable Development: Paradigma oder Leerformel. In: Dirk Messner und Franz Nuscheler (Hg.): Weltkonferenzen und Weltberichte. Ein Wegweiser durch die internationale Diskussion. Bonn 1996.

Schmitz, Angela; **Stephan**, Petra: Die Umweltkonferenz zu Umwelt und Entwicklung in Rio de Janeiro 1992. Ausweg aus dem Interessendschungel? In: Dirk Messner und Franz Nuscheler (Hg.): Weltkonferenzen und Weltberichte. Ein Wegweiser durch die internationale Diskussion. Bonn 1996.

Sebaldt, Martin: Karriere und Entfaltung einer entwicklungspolitischen Strategie. In: Jan Geiss, David Wortmann und Fabian Zuber (Hg.): Nachhaltige Entwicklungsstrategie für das 21. Jahrhundert? Eine interdisziplinäre Annäherung. Opladen 2003.

Spangenberg, H. Joachim: Soziale Nachhaltigkeit. Eine integrative Perspektive für Deutschland, in: UTOPIE kreativ, H. 153/154, 2003.

Staab, Jürgen: Erneuerbare Energien in Kommunen. Energiegenossenschaften gründen, führen und beraten. 1. Aufl. Wiesbaden 2011.

Statistisches Bundesamt Wirtschaft und Statistik: Haushalte und Lebensformen der Bevölkerung; Ergebnisse des Mikrozensus, Wiesbaden 2012.

Umweltbundesamt: Nachhaltige Entwicklung in Deutschland; Die Zukunft dauerhaft umweltgerecht gestalten, Berlin 2002.

Vermaisung: http://buel.bmel.de/index.php/buel/article/view/22/linhart-html, Stand: 20.07.2015.

Wehling, Hans-Georg et al., in: Kommunale Umweltpolitik, Stuttgart 1992.

Weiland, Sabine: Politik der Ideen. Nachhaltige Entwicklung in Deutschland, Großbritannien und den USA. 1. Aufl. Wiesbaden 2007.

Weizsäcker, Ernst Ulrich von: Erdpolitik; ökologische Realpolitik an der Schwelle zum Jahrhundert der Umwelt, Darmstadt 1992.

Winter, Gerd (Hg.): Multilevel governance of global environmental change. Perspectives from science, sociology and the law, Cambridge 2006.

LADOK – Entwicklungsperspektiven

Verzeichnis der lieferbaren Schriften

50   J. Dandler, J.R. Hernández, P.L. Swepston: Rechte indigener Völker. Zum Abkommen 169 der OIT. 1994, 114 S., 8,20€.

51/52   Alberto Chirif T., Pedro García, Richard Chase Smith (Hrsg.): Der Indianer und sein Territorium. 1994, 230 S., 13,30€

53   Projektgruppe: Tropenholz in Kassel. Deutschland und die Ökologie der Welt. 1994, 94 S., 6,10€.

54   Martin Hartmann: Der moderne Kannibalismus, Futtermittelimporte und regionale Agrarstruktur. 1994, 65 S., 5,10€.

55   Ute Wilke: Indianische Völker Boliviens und "Entwicklung" - Kritische Betrachtung des Weltbankprogrammes "Tierras Bajas del Este" und Auswirkungen auf die Ayoréo-Indianer. 1994, 144 S., 8,20€.

56   Ute Wilke: Ein indianisches Lesebuch. Zweisprachig, 1995, 64 S., 6,10€.

57   Guilherme Costa Delgado: Süd-Süd Dialog, Anmerkungen zu den Perspektiven portugiesischsprachiger Länder. 1995, 21 S., 4,10 €.

58   Clarita Müller-Plantenberg (Hrsg.): Indigene Perspektiven – Eine Debatte der Organisationen indigener Völker des Amazonasbeckens. 1996, 51 S., 5,10€.

59/60   GhK + Elni (Hrsg.): Wirtschaftliche, soziale und kulturelle Rechte indigener Völker. 1996, 274 S., 14,30€.

61   A. Achito, G. Alonso Velez, A. Alvarez Aristizabal u.a.: Kollektive geistige Eigentumsrechte und Biodiversität. 1997, 111 S., 7,20€.

62   Alfredo Wagner Berno de Almeida: Soziale Bewegungen und Staat im brasilianischen Amazonasgebiet. 1998, 33 S., 4,10€.

63   Isabel Guillen Pinto: Die Aluminiumproduktion in Venezuela. Externalisierte Kosten zu Lasten von Gesellschaft und Natur. 1998, 116 S., 7,20€.

64   Sabine Meißner: Produktlinienanalyse als ökonomisches Instrument - exemplifiziert am Waschmitteltensid Plantaren. 1998, 145 S., 9,20€.

65   Jörg Handrack: Genossenschaftlicher Zinnbergbau in Bolivien. Internationale Sonderstellung und Perspektiven im Vergleich zum brasilianischen Zinnbergbau. 1998, 68 S., 5,10€.

66/67   Eva Becker: Umwelt und Konsum. Einstellung und Verhalten der Deutschen zur Umwelt. 1999, 160 S., 9,20€.

68   Kashyapa A.S. Yapa: Prähispanische Ingenieurtechnik in Lateinamerika und ihre Bedeutung für die Gegenwart. 2000, 73 S., 6,10€.

69/70   Wolfram Heise: Die Rechtssituation indigener Völker in Chile. Eine rechtsethnologische Analyse der chilenischen Indianergesetzgebung (No 19.253) von 1993 vor dem Hintergrund der Schutzbestimmungen im Völkerrecht. 2000, 365 S., 16,40€.

71/72 Dieter Gawora: Urucu. Soziale, ökologische und ökonomische Auswirkungen des Erdöl- und Erdgasprojektes Urucu im Bundesstaat Amazonas (Brasilien). 2001, 314 S., 14,30€

73/74 Klima-Bündnis e.v., ONIC, CECOIN: Erdöl-, Erdgas-, Bauxit-, Kohle- und Goldförderung auf indigenen Territorien. Kolumbien, Peru und Venezuela. 2004, 142 S., 15,00€.

75 Marcelo Sampaio Carneiro: Bäuerliche Landwirtschaft und Großprojekte. Die 90er Jahre im Bundesstaat Maranhão (Brasilien). 2002, 32 S., 5,00€

76 Anja Umbach-Daniel: Biogasgemeinschaftsanlagen in der deutschen Landwirtschaft. Sozio-ökonomische und kulturelle Hemmnisse und Fördermöglichkeiten einer erneuerbaren Energietechnik. 2002, 194 S., 12,00€.

77/78 Clarita Müller-Plantenberg: Zukunft für Alle ist möglich. Soziale Gerechtigkeit und nachhaltiger Naturbezug als grenzübergreifende Herausforderungen. Kassel 2003, 206 S. plus Kartenwerk, 25,00€.

79 DAAD: Universities and Rio + 10 – Paths of sustainability in the regions, an interdisciplinary challenge. Kassel 2003, 178 S. plus CD-ROM, 15,00 €.

80 H. Feldt, D. Gawora, A. Nufer u.a.: Ein anderes Amazonien ist möglich. Träume, Visionen und Perspektiven aus Amazonien, Zusammengetragen zum 60. Geburtstag von Clarita Müller-Plantenberg. Kassel 2003, 176 S., 11,00€.

81/82 Franziska Zimmermann: Baumplantagen zur Zellstoffproduktion. Sozioökologische und wirtschaftliche Auswirkungen in Venezuela. Kassel 2005, 217 S., 13,00€.

83/84 Clarita Müller-Plantenberg, Wolfgang Nitsch, Irmtraud Schlosser, Loccumer Initiative Kritischer WissenschaftlerInnen: Solidarische Ökonomie in Brasilien und Europa - Wege zur konkreten Utopie. Internationale Sommerschule Imshausen. Kassel 2005, 229 S., 13,00€.

85/86 Clarita Müller-Plantenberg: Solidarische Ökonomie in Europa - Betriebe und regionale Entwicklung. Internationale Sommerschule Imshausen. Kassel 2007, 296 S., 15,00€.

87 V. Uriona: Solidarische Ökonomie in Argentinien nach der Krise von 2001. Strategische Debatten und praktische Erfahrungen. Kassel 2007, 104 S., 10,00€

88 Frank Muster: Rotschlamm. Reststoff aus der Aluminiumoxidproduktion - Ökologischer Rucksack oder Input für Produktionsprozesse? Kassel 2008, 136 S., 10,00€.

89/90 A. Urán Carmona: Colombia - un Estado Militarizado de Competencia. Las Fallas Estructurales para Alcanzar la Explotación Sustentable de los Recursos Naturales. Kassel 2008, 353 S., 15,00€.

91/92 Clarita Müller-Plantenberg, Joachim Perels: Kritik eines technokratischen Europa - Der Politische Widerstand und die Konzeption einer europäischen Verfassung. Kassel 2008, 262 S., 13,00€.

93 Jacqueline Bernardi: Solidarische Ökonomie. Selbstverwaltung und Demokratie in Brasilien und Deutschland. Kassel 2009, 151 S. 12,00 €.

94 Clarita Müller-Plantenberg, Alexandra Stenzel: Atlas der Solidarischen Ökonomie in Nordhessen. Strategie für eine nachhaltige Zukunft. Kassel 2008. 127 S., 19,00 €.

95 Clarita Müller-Plantenberg: Der Bildungsprozess beim Aufbau der Solidarischen Ökonomie. KIGG-Kolloquium an der Universität Kassel im Januar 2008, 172 S. 12,00 €.

96 H. Feldt: Konfliktregelung in der Erdölindustrie im ecuadorianischen Amazonasgebiet und venezolanischen Orinokobecken. Kassel 2008, 174 S, 12€.

97 Claudia Sánchez Bajo: Solidarische Ökonomie als Motor regionaler Ökonomie.Ardelaine in der Ardèche, Frankreich. Kassel 2009, 9,00 €.

98 C. Müller-Plantenberg, D. Gawora, Nukleus für Solidarische Ökonomie der Universität Kassel: Solidarische Netze und solidarische Ketten - Komplexe solidarische Wirtschaftsunternehmen. Kassel, 2010, 155 S., 12,00 €.

99 Heidi Feldt, Clarita Müller-Plantenberg: Gesellschaftliche Bündnisse zur Rückgewinnung des Naturbezuges. Kassel 2010, 283 S., 16,00 €.

100 Dieter Gawora, Maria Elena de Souza Ide, Rômulo Soares Barbosa: Traditionelle Völker und Gemeinschaften in Brasilien, Kassel 2011, 233 S., 14,00 €.

101 Stefanie Koch: Nachhaltige Dorfentwicklung, Zukunft-Identität-Tradition in nordhessischen Dörfern, Kassel 2012, 128 S., 11,00 €.

102 Dieter Gawora: Gesellschaftliche Verortung traditioneller Völker und Gemeinschaften, Kassel 2013, 12,00 €.

103 Dieter Gawora, Kristina Bayer: Energie und Demokratie, Kassel 2013, 186 S., 12,00 €.

104 Kristina Bayer: Beratung als Basis erfolgreicher Partizipation, Partizipative Energiesysteme in Nordhessen, Kassel 2016, 238 S., 15,00 €.

Bezugsadresse bis EP 72
Universität Kassel, FB 05
Lateinamerika- Dokumentationsstelle
34109 Kassel
Tel.: 0561/804-3385

Bezugadresse ab EP 73
kassel university press GmbH
Diagonale 10
D-34127 Kassel
info@upress.uni-kassel.de